杉本敏夫 監修
最新・はじめて学ぶ社会福祉

社会福祉調査の基礎

橋本有理子

編著

ミネルヴァ書房

シリーズ刊行によせて

　この度，新たに「最新・はじめて学ぶ社会福祉」のシリーズが刊行されることになった。このシリーズは，もともと1998年に，当時岡山県立大学の教授であった故大島侑先生が監修されて「シリーズ・はじめて学ぶ社会福祉」として始まったものであった。当時，現監修者の杉本も岡山県立大学に勤務しており，一部の執筆と編集を担当した。そのような縁があって，その後，杉本が監修を引き継ぎ，2015年に「新・はじめて学ぶ社会福祉」のシリーズを刊行していただいた。

　この度の新シリーズ刊行は，これまでの取り組みをベースに，ちょうど社会福祉士の新しく改正されたカリキュラムが始まることに対応して新しいシラバスにも配慮しつつ，これからの社会福祉について学べるように改訂し，内容の充実を図るものである。また，これまでのシリーズは社会福祉概論や老人福祉論といった社会福祉の中核に焦点を当てた構成をしていたが，今回のシリーズにおいては，いままで以上に社会福祉士の養成を意識して，社会学や心理学，社会福祉調査等の科目もシリーズに加えて充実を図っているのが特徴である。

　なお，これまでの本シリーズの特徴は，①初心者にもわかりやすく社会福祉を説明する，②社会福祉士，精神保健福祉士，介護福祉士，保育士等の養成テキストとして活用できる，③専門職養成の教科書にとどまらないで社会福祉の本質を追究する，ということであった。この新しいシリーズでも，これらの特徴を継続することを各編集者にはお願いをしているので，これから社会福祉を学ぼうとしている人びとや学生は，そのような視点で社会福祉を学べるものと思う。

　21世紀になり，社会福祉も「地域包括」や「自助，互助，共助，公助」と

いった考え方をベースにして展開が図られてきた。そのような流れの中で，社会福祉士や精神保健福祉士もソーシャルワーカーとしての働きを模索，展開してきたように思うし，ソーシャルワーカー養成も紆余曲折を経ながら今日に至ってきた。複雑多様化する生活問題の解決を，社会がソーシャルワーカーに期待する側面もますます強くなってきている。さらには，社会福祉の専門職である保育士や介護福祉士がソーシャルワークの視点をもって支援や援助を行い，社会福祉士や精神保健福祉士と連携や協働が必要な場面が増加している。それと同時に，社会福祉士や精神保健福祉士としての仕事を遂行するのに必要な知識や技術も複雑，高度化してきている。社会福祉士の養成教育の高度化が求められるのも当然である。

　このまえがきを執筆しているのは，2021年1月である。世の中は新型コロナが蔓延しているまっただ中にある。新型コロナは人びとの生活を直撃して，生活の困難が拡大している。生活の困難に対応する制度が社会福祉の制度であり，それを中心となって担うのが社会福祉の専門職である。各専門職がどのような役割を果たすのかが問われているように思う。

　新型コロナはいずれ終息するであろう。その時に，我々の社会や生活はどのような形になるのであろうか。人びとの意識はどのように変化しているのであろうか。また，そのような時代に社会福祉の専門職にはどのようなことが期待されるのであろうか。まだまだよくわからないのが本当であろうが，我々は社会福祉の立場でこれらをよく考えておくことも重要ではないかと思われる。

　2021年1月

　　　　　　　　　　　　　　　　　　　　監修者　杉本敏夫

はじめに

　社会福祉分野の学生に「社会福祉調査」の授業をすると，最初の頃は，必ずといっていいほど，学生から「社会福祉の分野で，なぜ調査の授業が必要なのか」と言われることが多い。

　そのため，私は，この科目がなぜ社会福祉を学ぶ学生にとって必要であるのかについて，折にふれて話すようにしている。すると，授業の最後の感想で，「最初は，社会福祉を学ぶ自分たちにとって，なぜこの授業を受けないといけないのだろうかと思っていたが，その大切さを理解することができた」と書かれているのを読むと，とてもうれしくなる。

　それは，社会福祉分野においては，調査の必要性がより一層，高まってきているからである。具体的には，虐待や貧困，災害，8050問題，血縁や地縁の希薄化に伴う家庭や地域，学校，職場の現状と課題など，これまでに想定しなかったニーズが数多くみられるようになってきた。では，このような複雑多岐にわたるニーズに，私たちはどのように立ち向かっていけばよいのだろうか。

　そのときにこそ，社会福祉調査の登場である。インタビューやアンケート調査を通して，住民や利用者の思いに耳を傾け，そこから新たなサービスを開発するための資料を作成したり，地域の現状や課題を分析し，その結果を社会へ公表し世論に働きかけたりするなど，社会福祉調査にできることは数多くある。

　本書は，本文の表現や図表もわかりやすく示し，読者のみなさんが見慣れない言葉や数式にも関わりやすいように仕上げている。さらに，章ごとに学習課題や練習問題，本文を補足する目的のコラムも掲載している。章ごとの学びをふり返ったり，より広がりのある学びを身につけるためにも，積極的に取り組んだり，目を通すようにしてほしい。そして，社会福祉調査が，私たちの身近な生活の中に活かせることを理解し，実践できるように願うばかりである。

2021年4月

編者　橋本有理子

目　次

第Ⅱ部　量的調査とは

第Ⅰ部

社会福祉調査とは

第1章

社会福祉調査の意義と目的

「私たちが暮らしている地域にはどのような課題があるだろうか」

ふいに聞かれたときに，あなたはどのように答えるだろうか。

たとえば，その答えを地域の問題提起として，地域や行政に発信したり，働きかけたりすると仮定した場合，思いついたことをそのまま答えるよりも，地域の現状を添えながら，地域の課題に関する発信や働きかけを行ったほうが，聞き手も納得しやすいのではないだろうか。そして，その現状を詳細に把握するためには，何らかの指標を用いて現状を数値化したり，あるいは「地域の課題」をテーマに，住民の声を収集したりすることに意味や価値があるものといえる。しかし，そのためには，そこに至るまでの手続きや調査・分析方法を事前に理解しておくことが大切である。

本章では，社会福祉調査の概要に加えて，社会福祉調査がなぜ重要なのか，何を明らかにするのかを中心に学ぶ。

1 社会福祉調査とは何か

（1）社会福祉調査の定義

社会福祉調査とは，専門職や研究者が，興味本位で個人的に調査を行うものではない。そこには「公益性」が求められる。すなわち，社会やそこで生活する多くの人々の利益につながる目的で，調査は実施されなければならない。

そして，「公益性」をもつ社会福祉調査（社会調査）について，これまでの多くの研究者がその定義を示している。なお，社会福祉調査は，これまで「社会

調査」として取り上げられていたことを付記しておく。

　船津は社会調査の目的と方法について，社会調査とは，われわれの周囲にある社会的諸事実の問題性を明確にし，そこに含まれる法則性を明らかにするために，実際の生活が営まれている現地（field）において，一定の技術的方法を使って，経験的に，データを収集し，記録し，整理し，また分析するという一連の過程であると示している。

　また安田は社会調査の対象と方法について，社会調査とは，一定の社会あるいは社会集団における社会事象を，主として現地調査によって，直接に（first hand）観察し，記述（および分析）する過程であると示している。

　さらに井上は，社会調査とは，様々な社会現象を解明するために，フィールドワーク（現地調査）によって，一定の技術的・科学的方法を用いて，データを収集して分析し，整理する過程であると示したうえで，社会調査の定義として重要なことを3つ挙げている。すなわち「データを収集する」ということ，「科学的」ということ，そして「社会現象を解明するために調査を実施する」という点である。

　このように，社会調査とは，①何の目的で，②誰を対象とし，③どのような方法を用いて明らかにするのかに焦点を当てていることがわかる。

　したがって，①〜③をふまえると，社会福祉調査とは，「社会やそこで生活する人々の様々な状況やニーズを明らかにするために，現地で，その状況や生活する人々からデータを収集し，記録したものから分析を行い，社会が置かれている状況やそこで暮らしている人々のニーズ（生活課題）を明らかにする」ことである。

（2）社会福祉調査の種類

　社会福祉調査の主な種類は，表1-1のとおりである。

　ここからは，統計調査（センサス）の代表的な調査である国勢調査と，世論調査について，もう少し説明する。

① 国勢調査

　わが国に住んでいるすべての人を対象とする国の最も基本的な調査であり，

表1-1　社会福祉調査の主な種類

統計調査 （センサス）	国あるいは社会集団の状況を数量的に把握するための調査である。主に，政府等の公的機関が行う調査が多い。代表的な調査として，国勢調査がある。その他にも，雇用統計や犯罪統計などがある。
世論調査	様々な社会情勢や政治・経済動向などに対する世間の意識や意見を把握するための調査である。調査主体として，政府や各行政機関，あるいは新聞社や通信社，放送局などの報道機関がある。
市場調査 （マーケット・リサーチ）	商品やサービスに対する消費者の評価・購買意欲などを把握するための調査である。通常は，生産や販売の戦略を立てるために，企業がマーケティング活動として実施している。
学術調査	研究機関や研究者が学術的な問題や関心によって行う調査である。
社会踏査	社会や地域の問題解決のために行われる調査である。代表的な調査として，ブースのロンドン調査，ラウントリーのヨーク調査がある（本書12～14頁参照）。
現地調査 （フィールド・ワーク）	実際に現地を訪問し，場合によっては一定の時間や空間を共有する中で，観察やインタビュー，アンケート調査などを通して，状況の実態把握や資料収集等を目的に行われる調査である。

出所：岩永雅也（2001）「調査の類型」『社会調査の基礎』財団法人放送大学教育振興会，35～36頁より抜粋，筆者一部改変。

国内の人口や世帯の実態を明らかにするために，5年ごとに行われている調査である。国勢調査のように，すべての人を調査対象とする調査を全数調査（悉皆調査）という。

②　世論調査

世論調査は，世間の声を幅広く得ることが目的であるが，実際には，偏りなく調査対象者を選ぶことが難しい現状がある。

世論調査の調査方法が電話やインターネットの場合，固定電話や携帯電話を持っていない人，またインターネットの環境が整っていない人の声は反映されにくいものといえる。

さらに，選択肢から回答を選ぶ際に，あまりにも多くの選択肢を準備すると，電話調査では，調査対象者が最初の選択肢を忘れてしまう場合や，インターネット調査では，スクロールをしなければ，画面全体にすべての選択肢を映すことが難しい場合もある。そのため，調査を実施する側である調査主体は，より多くの回答が期待される選択肢を優先的に設定し，それ以外の選択肢は「そ

の他」に設定することがある。このような場合には，少数の声が反映されにく
いものといえる。

（3）社会福祉調査の方法

　社会福祉調査の主な方法として，量的調査（本書第Ⅱ部を参照）と質的調査
（本書第Ⅲ部を参照）に分けられる。

　量的調査とは，幅広い範囲からランダム（無作為）に選ばれた多数の調査対
象者に対し，質問紙調査などを通して，数値化できるデータを収集し，統計学
的に分析する調査である。

　質的調査とは，特定の状況に置かれている少数の調査対象者に対し，観察や
面接，インタビュー調査などを通して，言語や文章など数値化が困難なデータ
を収集し，その特性や要因を関連づけながら分析する調査である。

2　社会福祉調査の意義

（1）社会福祉分野における調査の必要性

　社会福祉分野において，サービスや支援を必要とする人々の中には，様々な
事情や理由により，自分の置かれている状況を的確に理解し，それを声として
あげることが難しい場合が多い。なぜなら，その主な対象が子どもや障害者，
高齢者など，年齢や障害の症状により，置かれている状況を理解することや発
信することが難しいためである。また疾病や失業などの理由により，経済的に
厳しい生活を送っている人々は，周囲や世間に負い目を感じ，SOS を発信す
ることに抵抗やためらいを感じている場合もある。しかし，それでは，社会が，
サービスや支援を必要とする人々の実態を把握することができず，すべての
人々がより良い生活を送ることを目的とする社会福祉はその役割を十分に果た
すことが難しくなる。

　このような場合に，社会福祉調査が求められる。社会福祉調査を実施するこ
とで，仮に一部の調査対象者のデータや声であったとしても，それを科学的に
分析することで，他の調査対象者でも同様の結果になるかどうかについて推測

できる。また，顕在的なニーズに加えて潜在的なニーズの把握も可能となり，それらのニーズをもとに新たなサービスや支援の開発も期待できる。

　このように，実態を把握する必要度の高い社会福祉分野であるからこそ，社会福祉調査は不可欠な手法の一つになるものといえる。

（2）社会福祉調査を進めるうえでの留意点

　社会福祉調査を進めるうえで，忘れてはならないことがある。それは，調査の手続きや分析などの一連の流れが「科学的」なものでなければならないということである。

　社会福祉調査の対象とは，社会全体，あるいは複数の人々から構成される集団や組織への調査が多い。そのように考えると，社会福祉調査から得られた成果を活用することは，対象の今後の状況に大きな影響力を与えることが予想される。したがって，その調査の手続きや分析については，一定の方法やルールを決め，慎重に進めることが求められる。

　では，「科学的」とは一体，何か。井垣は，「科学的ということは，研究の実証性と客観性を意味する」と述べている。実証性と客観性の説明は，表1-2のとおりである。

表1-2　研究の実証性と客観性

実証性	事実に基づいて問題を明らかにすること ⇒「現地調査（フィールド・ワーク）」は，そのためにある
客観性	主観（個人的な思いや好みの偏り）が克服，排除されていること，それは一定の厳密に規定された手続きに従うこと ⇒研究者が誰であっても，この同じ手続き方法に従う以上，同様の結果を獲得すると，事実は客観的に実証されたということになる

出所：井垣章二（1968）『社会調査入門』ミネルヴァ書房，5頁より抜粋，筆者一部改変。

　事実が客観的に実証されるということは，観察など調査そのものが精密なものになり，その結果，状況の把握もより正確なものとなる。社会科学的知識の形成は，社会科学的方法があってのみ可能となるが，その方法こそ社会福祉調査である（図1-1）。

　このように，社会の状況を主観的に分析するのではなく，客観的に分析する

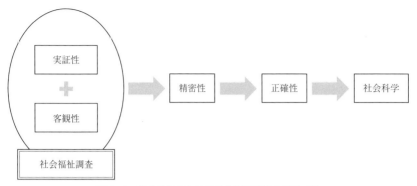

図1-1　社会科学における社会福祉調査の位置づけ

出所：井垣章二（1968）『社会調査入門』ミネルヴァ書房，5～6頁より抜粋，筆者一部改変。

ことで，その成果は，社会全体からも理解されやすくなり，またより大きな影響力にもなる。そして，その「客観的」といわれる一定の手続きこそが，社会福祉調査の方法である。

3　社会福祉調査の目的

立石[6]は，社会福祉調査の目的として，「社会福祉領域における潜在的な福祉ニーズの把握，新たな福祉サービスへの要求・改善，制度・施策の効果測定など，実証的な調査と分析を行うことである」とし，「調査によって得られた結果は，ニーズに応じた理論構築や援助方法を改善・発展していくための基礎資料となる」と述べている。

このように，社会福祉調査は，より良い社会づくりに貢献するものといえる。

注
(1)　船津衛（1976）「社会事実とリサーチ」西田春彦・新睦人編『社会調査の理論と技法（Ⅰ）』川島書店，15～29頁。
(2)　安田三郎（1982）「社会調査概説」安田三郎・原純輔『社会調査ハンドブック（第3版）』有斐閣，1～26頁。
(3)　井上文夫（2001）『すぐ役に立つ社会調査の方法』八千代出版。

(4)　井垣章二（1968）『社会調査入門』ミネルヴァ書房。

(5)　(4)と同じ。

(6)　立石宏昭（2010）『社会福祉調査のすすめ——実践のための方法論（第2版)』ミ
　　ネルヴァ書房。

参考文献

石田路子（2009）『社会調査の基礎』久美。

木下栄二（2013）「社会調査へようこそ」大谷信介・木下栄二・後藤範章・小松洋編
　　著『新・社会調査へのアプローチ——論理と方法』ミネルヴァ書房，2〜20頁。

学習課題

①　最新の国勢調査と過去の国勢調査の結果をもとに，わが国の人口や世帯の現状や
　　推移についてまとめてみよう。

②　サービスや支援を必要としている人々の現状をふまえ，社会福祉調査がなぜ重要
　　なのかについてまとめてみよう。

~~~ コラム　統計資料の読み方——あなたは，資料提供者の思惑どおりになっていないか ~~~

　下記のAとBの図を見てみよう。X市の2018年度と2019年度における年間の交通事故件数のグラフである。一見すると，Bの図はAの図よりも，2018年度から2019年度にかけて，事故件数がかなり減少しているようにみえる。

　しかし，AとBの図ともに，2018年度は20件，2019年度は18件とデータは同じである。では，なぜ，グラフの形が異なるのか。

　それは，縦軸の目盛りの幅が異なるからである。Aの図はBの図よりも，目盛りの幅を細かく設定している。そうすると，ゆるやかな右肩下がりのグラフになっている。一方のBの図は，目盛りの幅を大きく設定することで，急な右肩下がりのグラフになっている。

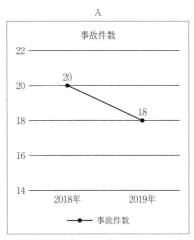

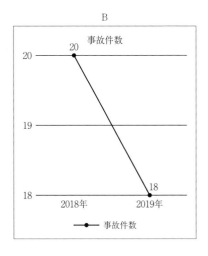

出所：筆者作成。

　交通事故対策を検討し実施した側からすると，その対策の効果をより大きくみせたいと考えると，Aの図よりもBの図を市民に示す可能性がある。

　したがって，私たちは，データをそのまま素直に受け入れるのではなく，批判的な眼で眺めることが大切である。そして，資料提供者の思惑どおりにならないように気をつけよう。

第2章

社会福祉調査の変遷

「社会福祉」と聞いて，どのようなイメージを浮かべるだろうか。「やさしさ」「あたたかさ」など，ぬくもりを感じられる印象かもしれない。

一方で，社会福祉の歴史をひもといてみると，「差別」や「貧困」など，生きづらさを抱える人たちの現状に対して支援を提供するだけでなく，現状の改善に向けて，現行の制度や施策へ継続的に働きかけるような取り組みを行っている場面も見受けられる。このように，社会福祉には「たくましさ」「粘り強さ」といった別の側面もみえてくる。

本章では，欧米とわが国における社会福祉調査の変遷をもとに，社会福祉調査の様々な側面について学ぶ。

1　近代以前

「実地で社会を調べる」という意味でいえば，古代のエジプトや中国など古代文明の栄えた国々において，人口調査や農地等の調査や経済に関する調査などが調べられてきた事実がある。わが国においては，645年の大化の改新後，戸籍が整理され，人口調査が行われていたという記録があり，その後の戦乱の世とともに行われなくなるが，江戸時代になるとふたたび人口調査等が行われるようになった。このように，当時の統計調査は，洋の東西にかかわらず，支配者が被支配者への統治のために行われていたものといえる。

2　近代以降

　社会福祉調査は，19世紀以降の産業化と都市化による急激な社会変動に伴い，様々な社会問題（貧困や犯罪，失業，公衆衛生の問題など）が発生してきたことに対して，それをいかに解決するかという社会政策的な意味も含まれていた。

（1）イギリスとフランス

①　ジョン・ハワード（イギリス）

　参与観察の実践を行っていたイギリスの監獄改良運動家のジョン・ハワード（J. Howard）は，収容施設において，衛生管理が劣悪な状態で伝染病も蔓延していた実態を把握するため，1777年に『イングランドおよびウエールズの監獄調査』という調査報告書を発表した。[2]

　ハワードは，改良という変革を起こすためには，実状を細かく把握することが必要であり，組織的かつ客観的な様式で事実を収集する重要性に気づいた。そのため，観察項目や観察手続き方法を明らかにしたうえで，多くの監獄を観察し事実の収集を試みた。この成果は，やがて監獄の改良へとつながるが，何よりも，丹念に集めた客観的な調査資料により，当時の議会を動かすまでに至った。[3]

　このように，ハワードの取り組みは，客観的な調査資料をもとに新たな政策を打ち立てるといった今日の流れの先駆的なものであったといえる。

②　フレデリック・ル・プレー（フランス）

　フランスの社会改良運動の実践者であるフレデリック・ル・プレー（F. Le Play）は，統計的な家計調査の手法を取り入れたモノグラフ（あるテーマに関する調査分析した論文）集である『ヨーロッパの労働者』を1855年にまとめた。

　ル・プレーは，社会の基本単位は家族であり，家族の代表は一国の大部分を形成する労働者家族であり，家族生活の中核はその財政的収支，つまり家計であるという点に着目した。このように，社会の研究に家族を重視し，家族の研究に家計を重視し，家計の調査には家計簿を重視したル・プレーは，ヨーロッ

パ諸国における労働者家族の数千程度を選定し丹念な調査を行い，今日に至る家計調査に大きな足跡を残した。

　なお，その家計調査資料をもとに，エンゲル係数で有名な社会統計学者であるエルンスト・エンゲル（E. Engel）は，世帯の所得水準と食費との関係に一つの法則性（エンゲル法則）を見出し，世帯所得が高くなればなるほど，総消費支出割合に占める食費の支出割合が低下することを導いた。

　③　ヘンリー・メイヒュー（イギリス）

　イギリスのジャーナリストであるヘンリー・メイヒュー（H. Meyhew）は，ロンドンの街角にみられる人びとの少数の事例を通じて，労働と貧民の相互関係性について分析した。そして，さまざまな職業の都市生活者を対象に観察と調査を行い，『ロンドンの労働とロンドンの貧民』（1861～1862年）にまとめた。全4巻からなる書籍では，19世紀中頃のロンドンの街角にみられる貧困者の実態が，労働者の発言を通して多数の挿絵とともにいきいきと描き出されている。

　④　チャールズ・ブース（イギリス）

　社会調査の先駆者であるイギリスの実業家チャールズ・ブース（C. Booth）は，ル・プレーから影響を受けた一人であった。

　ブースが，ロンドンにおける労働者階級の貧困調査を開始したのは，1886年である。労働者階級の生活がいかに厳しいものであるかは，人々の間でも知られていたが，それは，労働者階級の生活の現状や貧困の実態を客観的かつ正確にとらえていたわけではなかった。

　そこで，ブースは，すべての調査対象者（当時420万人のロンドン市民約100万世帯）を対象とする全数調査を試みた。多数の調査員を動員した大規模な訪問調査であったため，結果的に1886年から1902年までの17年間という長い年月を費やし，多大な費用を投入して調査を実施した。その集大成として，全17巻からなる最終報告書『ロンドン民衆の生活と労働』（1889～1903年）がまとめられた。なお，第2巻には，各地区に暮らしている貧困階層を色分けした「貧困地図」も作成した。

　その結果，スラム街や救貧院に関わる労働者階級の貧困の原因は，雇用上の問題や疾病などが主な原因であり，飲酒や賭博のような本人の怠惰等ではない

ことを明らかにした。また，ロンドン市民の約30％が貧困であり，その30％の
うちの3割（ロンドン市民全体の1割）は，すぐにでも援助が必要な状況にある
ことも明らかにした。この結果は，ホームレスや臨時労働者だけでなく，常用
の労働者の多くも貧困状態にあることを示す画期的なものであった。[6]

　そして，前述の「貧困地図」のようなわかりやすくインパクトのある手段も
利用し，ブースの調査は一般に豊かな大都市とみられているロンドンは実際に
は多くの貧困を抱えているという明快なメッセージを強く広く社会に送り続け
た。[7]

　このように，ブースの偉大な功績は，貧困の明確な規定と統計的方法の展開
によって，貧困を客観的な事実として明らかにしたことにある。貧困という事
実の客観的把握は，ブースにとって，社会改良への不可欠な前提条件であった。

　そして，ブースは「世界を動かす力は，統計にあるのではなく，強力な熱情
にこそ存する。しかし，世界を正しく改良しようとするのなら，その力は統計
によって導かれなければならない」という名言を残している。[8]

　⑤　シーボーム・ラウントリー（イギリス）

　イギリスの実業家シーボーム・ラウントリー（B. S. Rowntree）も，ブースの
影響を受けて，1899年に自分の故郷であるヨーク市において労働者階級の貧困
調査を開始し，1901年に『貧困——都市生活の一研究』を発表した。ヨーク市
は地方産業で繁栄した町であり，ラウントリーがこの調査で目指したものは，
ブースによって明らかにされた大都市ロンドンとの比較を行うことと，ブース
の調査よりも正確な結果を獲得することであった。[9]

　具体的には，ヨーク市の労働者階級の家庭への戸別訪問による全数調査（当
時4万5000人のヨーク市民約1万世帯）を行ったことである。

　また，ラウントリーは，ブースの提起した貧困線の概念をより明確化させ，
第一次貧困と第二次貧困（表2-1）に区分した。

　ラウントリーは，ヨーク市において，3回の調査を行った（表2-2）。第1
回調査では，労働者世帯人口の15.5％（ヨーク市人口の9.9％）が第一次貧困で
あり，労働者世帯人口の27.9％が第二次貧困であることが報告された。その後，
第2回調査では労働者世帯人口の31.1％（ヨーク市人口の17.7％）が第一次貧困

表 2 - 1　第一次貧困と第二次貧困

第一次貧困	その収入がいかに賢明かつ注意深く消費されても肉体的能率（健康力や労働力）を維持するのに必要な最低限度にも満たない生活水準
第二次貧困	その収入の一部を，飲酒や賭博など他の支出に向けない限り，肉体的能率を維持することのできる生活水準

出所：伊藤秀一責任編集（2017）『低所得者に対する支援と生活保護制度』弘文堂，2～3頁より抜粋，筆者一部改変。

表 2 - 2　ラウントリーのヨーク調査

調査回	調査年	貧困の主な原因
第 1 回調査	1899	低賃金，社会保障の欠如，疾病，多子
第 2 回調査	1935～1936	失業，貧困循環，老齢
第 3 回調査	1950	老齢，疾病

出所：筆者作成。

であったのが，第 3 回調査では労働者世帯人口の2.77％（ヨーク市人口の1.66％）が第一次貧困と著しく減少した。

⑥　アーサー・レオン・ボウリィ（イギリス）

統計学者ボウリィ（A. L. Bowley）は，ラウントリーの第一次貧困に基づき，1912年に，自身が教鞭をとっていたレディング大学が所在するレディング市（ロンドンから西へ約60kmに位置する地方都市）の労働者家計を調査対象とした。

ボウリィは，すべての調査対象者を調査対象とする全数調査ではなく，層別系統抽出法を用いて，調査対象者の一部（約20分の 1 ）を抽出して労働者家計の調査を行い，そこからイギリス全体の貧困率を推定する，史上最初の標本調査を実施したことで有名である。

なお，1928年に，ロナルド・エイルマー・フィッシャー（R. A. Fisher）は，統計学における標本調査の基礎を形成している[10]。

（ 2 ）アメリカ

①　ポール・ケロッグ

アメリカの社会調査の歴史では，19世紀末から20世紀初頭にかけて，ジャーナリストや小説家，社会改良家たちにより，社会の暗黒面を明るみに出す流れ

が主流であった。そのような中，整備された社会調査が初めて行われたのが，ジャーナリストのポール・ケロッグ（P. Kellogg）によるピッツバーグ調査（1907～1908年）であった。

　ピッツバーグは当時，アメリカの代表的な工業都市であり，ケロッグはブースの方法にならい，大規模な総合調査を行った。

　具体的には，地理や政治経済，鉄鋼労働者，家族の生活，女性労働，移民，地域社会などを主な調査対象とし，経済学者や政治学者，社会学者，ジャーナリスト，社会事業家などが多数動員された。産業化が進む大都市が生み出した複雑な社会問題を，科学や学術の力からジャーナリズムの力までを動員して明らかにし，それに立ち向かっていこうという問題意識が底流をなしていた[11]。

　「観察と報告」を中心としたケロッグによるピッツバーグ調査は，単に調べるだけにとどまらず，それを世に訴えかけるような仕上がりとなっている。

　②　ウィリアム・トマスとフロリアン・ズナニエツキ

　社会調査は社会学という学問に結びつけられることによって，社会改良という実践目的とは別に，研究目的のための調査の展開をみたことが，アメリカの社会調査の発展に寄与した[12]。

　その代表的な調査が，社会学者のウィリアム・トマス（W. I. Thomas）とフロリアン・ズナニエツキ（F. W. Znaniecki）による『ヨーロッパとアメリカにおけるポーランド農民』（1918～1920年）として刊行された。本書は，手紙や日記，生活史などの資料を用いて，ポーランドからヨーロッパ，アメリカへ移民していく人々について綴られたものである。

　本調査が取り組むべき課題は，「社会変動に対する適応過程」であった。19世紀後半からの産業化に伴い，その影響は伝統的な農村共同体にも及び，伝統的な農村の生活様式は崩れつつあった。こうした社会変動に対して，農村に暮らす人々はどのように対応し，新たな生活を組織化していったのかを明らかにすることが本調査のテーマであった。

　農民は，ポーランド社会に踏みとどまって生活の再組織化を試みただけでなく，外国への出稼ぎや移民によって適応を試みる。ポーランド社会と移民先のアメリカ社会での彼らの適応を対比させながら，社会生活の再組織と挫折の多

様な様相を記述することに主眼がおかれている。[13]

　なお，トマスと入れ替わるように頭角をあらわしたのが，都市社会学で有名なシカゴ学派のロバート・パーク（R. E. Park）であり，アーネスト・バージェス（E. W. Burgess）とともに，シカゴ学派の黄金時代を築き，質的調査と量的調査の双方を用いる研究を推進する立場を貫いた。

　③　リンド夫妻（ロバート・リンドとヘレン・リンド）

　アメリカにおける地域社会研究の古典として名高いリンド夫妻（R. Lynd & H. Lynd）によるミドルタウン調査がある。

　1924年に着手されたミドルタウン調査は，文化人類学的な実地調査を現代都市で行うことを目指した。典型的なアメリカの小都市であるミドルタウンを調査地として選び，リンドらはそこに長期間にわたって滞在し，人と社会の様子をさまざまな場面にわたって詳細に観察している。その成果は，『ミドルタウン』（1929年）として刊行されているが，参与観察による地域社会モノグラフの先駆としてあまりにも有名である。[14]

（3）日　本

　日本における近代的な社会調査も，近代化・資本主義体制の確立を急ぐ中で，多くの矛盾を解明しようとする貧困調査から始まっている。[15]このような調査には，民間活動として実施されたものと行政が実施したものがある。

　民間活動として実施されたものとして代表的な書籍が，ブースの影響を受けた横山源之助による『日本の下層社会』（1899年）である。本書は，東京の貧しい状況に置かれた人々の実態をはじめ，日本全国にわたってその実態を調べるために，直接，現地へ行き，聞き取り調査を行い，貧困層の生の声も含めてまとめられたものである。この調査を通して横山が貧困解決策として挙げている「貧困者向け融資機関の設置」と「貧困者への教育機会の拡大」は，今日にも通用するものである。

　また行政が実施したものとして代表的な報告書は，当時の農商務省が1903年に刊行した『職工事情』である。本書は，1900年に大規模な全国的工場調査を実施し，工場労働の客観的問題状況を明らかにした。中でも，繊維業女工が過

酷な労働環境によって結核に侵されているという事実であった。このような現状は，わが国初の本格的な労働保護立法である工場法の制定（1911年，施行は1916年）につながり，現在の労働基準法に受け継がれている。

さらに，社会統計学者の高野岩三郎を中心とした「東京における二十職工家計調査」（1916年）は，国民生活の実態をつかむことを目的に行われた。調査世帯数が20世帯と小規模ではあったが，近代における最初の家計調査として高く評価されている。

その後，1918～1920年にかけて，内務省衛生局「保護衛生委員会」のもと，東京の月島の住民を対象に行われた調査が「月島調査」である。先述の高野岩三郎を中心とした，複数の研究者集団による共同調査は，当時としては先駆的な試みであった。また政策目的のため行政当局によって行われる社会調査は画期的なことであり，わが国における実証的な都市社会調査の先駆として知られている。1世帯1冊にまとめて製本された「家計簿」には，調査期間の日々の収入・支出が細かに記入され，食品や生活用品，医療品などの値段，それらの購入状況などから，当時の労働者家族の生活の様子を垣間見ることができる。

さらに，1920年に実施され，現在も行われている国勢調査をはじめ，第二次世界大戦前から多くの先駆的な社会調査があるが，社会調査が社会的にも重視され，飛躍的に発展するようになったのは戦後になってからである。[16]

なお，戦後の社会調査としては，日本の平等度（もしくは不平等度）を社会階層と社会移動によってとらえることを目的として1955年に開始され，それ以降10年ごとに実施されている「社会階層と社会移動全国調査（SSM調査）」による科学的な方法を用いた学術的な社会調査が挙げられる。[17]

注
(1)　天田城介（2009）「社会福祉と社会調査」社会福祉士養成講座編集委員会編『新・社会福祉士養成講座5　社会調査の基礎』中央法規出版，2～24頁。
(2)　立石宏昭（2010）『社会福祉調査のすすめ——実践のための方法論（第2版）』ミネルヴァ書房。
(3)　井垣章二（1968）『社会調査入門』ミネルヴァ書房。

(4)　(2)と同じ。

(5)　松尾浩一郎（2016）「社会調査の表現史——社会に訴える調査者たち」『帝京大学宇都宮キャンパス研究年報　人文編』22，11〜34頁。

(6)　武田直樹（2019）「ラウントリーの貧困研究を日本の貧困問題にどう活かすべきか」『美作大学・美作大学短期大学部紀要』64，13〜21頁。

(7)　(5)と同じ。

(8)　(3)と同じ。

(9)　(3)と同じ。

(10)　(2)と同じ。

(11)　(5)と同じ。

(12)　(3)と同じ。

(13)　宝月誠（2007）「『ポーランド農民』の方法論再考」『立命館産業社会論集』43(3)，39〜60頁。

(14)　(5)と同じ。

(15)　木下栄二（2013）「社会調査へようこそ」大谷信介・木下栄二・後藤範章・小松洋編『新・社会調査へのアプローチ——論理と方法』ミネルヴァ書房，2〜20頁。

(16)　潮谷有二（2010）「社会福祉と社会調査」潮谷有二・杉澤秀博・武田丈編『MINER-VA社会福祉士養成テキストブック⑤　社会調査の基礎』ミネルヴァ書房，2〜22頁。

(17)　(16)と同じ。

参考文献

井垣章二（1968）『社会調査入門』ミネルヴァ書房。

鎌田大資（2008）「アメリカ社会学史における量的調査と質的調査——初期シカゴ学派およびアーネスト・W・バージェスの軌跡が照射するもの」『フォーラム現代社会学』7，114〜125頁。

佐藤寛（2005）「近代日本の貧困観」二村泰弘編『「貧困概念」基礎研究』日本貿易振興機構アジア経済研究所。

菅野和夫（2016）「特別寄稿　工場法施行百周年に寄せて」『厚生労働』2016年8月号，日本医療企画，9〜10頁。

武田直樹（2019）「ラウントリーの貧困研究を日本の貧困問題にどう活かすべきか」『美作大学・美作大学短期大学部紀要』64，13〜21頁。

立石宏昭（2010）『社会福祉調査のすすめ——実践のための方法論（第2版）』ミネルヴァ書房。

新田功（2014）「クオリティ・オブ・ライフ（QOL）測定の源流——福祉測定法の歴史（下）」『政経論叢』82(1・2)，1〜51頁。

学習課題

① ブースとラウントリ の研究による功績（社会に貢献した業績）についてまとめ
　てみよう。

② 厚生労働省「国民生活基礎調査」の最新データをもとに，「わが国における貧困
　の現状」についてまとめてみよう。

第３章

統計法

　５年に１度実施されている国勢調査をはじめ，大規模な調査が定期的に実施されることにより，わが国の様々な分野における状況やその推移を数値で確認できる統計資料が作成されている。それによって，私たちは事実を知ることができるだけでなく，過去から現在までの移り変わりをふまえて，将来のあり方を描くための基礎的資料にもなる。

　一方で，国の行政機関が思い思いに調査を実施することで，多大な費用や被調査者の負担増が予想される。さらには，調査を実施することによる貴重なデータの流出や漏出も起こってはならないことである。したがって，国全体での統計に関する体系的な整備の必要性やデータの取り扱いを整理し公開しておくことが求められる。

　本章では，旧統計法と新統計法の違いも含む，統計法の概要について学ぶ。

1　統計法改正までの経緯と改正のポイント

　統計法は，1947年に公布，施行されたが，2007年に全部改正されて新しい統計法が公布され，2009年に全面施行されている。

　改正前の旧統計法は，大部分の条文が「指定統計」に適用される内容になっていた。指定統計とは，政府もしくは地方公共団体が作成する統計またはその他のものに委託して作成する統計であり，総務大臣が作成し，その旨を広く公表した統計を指している。

　指定統計を中心とする旧統計法における統計制度では，各所轄庁のニーズに

そった目的で実施されることから，各統計間が比較できるような配慮はされて
こなかった。そのため，大きな枠組みである統計体系上の空白部分がみられて
も，それを埋めるための統計が実施されないなど，「行政のための統計」とい
う意味合いが強かった。

　しかし，国や地方公共団体その他の公的機関が作成する統計は，本来，国・
地方公共団体の政策運営や，事業者や国民の意思決定等に不可欠な情報であり，
社会の発展を支える情報基盤であるとの立場から，公的統計の体系的かつ効率
的な整備およびその有用性の確保を図るため，旧統計法は全部改正され，新統
計法が公布・施行された。統計法改正に伴い，統計そのものの意味合いが，従
来の「行政のための統計」から「社会の情報基盤としての統計」へと移行した。
統計法改正のポイントは，表3-1のとおりである。

2　基幹統計と一般統計

　基幹統計とは，公的統計の中核となる統計であり，国勢統計（国勢調査に基
づく統計）や国民経済計算など，国の行政機関が作成する統計のうち総務大臣
が指定する特に重要な統計を指している。一方の一般統計は，国の行政機関が
行う調査のうち，基幹統計以外のものを「一般統計」と位置づけている。主な
基幹統計は，表3-2のとおりである。

　なお，国の行政機関が行う統計調査については，各調査間の重複を避け，被
調査者の負担を軽減し，公的統計を体系的に整備する観点から，総務大臣が統
計調査の審議・調整を行っている（第9条〜第11条，第19条〜第21条）。そのため，
国の行政機関が統計調査を行う場合は，統計法の規定により，あらかじめ総務
大臣の審査や承認を受ける必要がある。

　また，統計調査によらない基幹統計の作成や，地方公共団体や独立行政法人
等が統計調査を行う場合にも，総務省への通知や届出を行う必要がある。その
統計調査には，意見や意識など，事実に該当しない項目を調査する世論調査な
どは含まれていない。

表 3-1　統計法改正のポイント

① 「社会の情報基盤としての統計」の意味
- 公的統計の体系的かつ効率的な整備及びその有用性の確保を図り，国民経済の健全な発展及び国民生活の向上に寄与する（第 1 条）。
⇒公的統計（国の行政機関や地方公共団体などが作成する統計）は，行政利用だけではなく，社会全体で利用される情報基盤として位置づけられる。

② 公的統計の体系的整備
- 公的統計の整備に関する施策の総合的かつ計画的な推進を図るため，基本的な計画（公的統計の整備に関する基本的な計画）を策定する（第 4 条第 1 項）。
⇒公的統計の整備に関する基本的な計画は，5 年に 1 度，策定されている。

③ 統計データの利用促進
- 本来，統計調査によって集められた情報は，統計作成以外の目的のために利用や提供はできない（第40条）。
- しかし，統計の研究や教育など公益のために使用される場合に限り，二次的に利用することが可能である（第33条，第33条の 2 ）。

④ 統計調査の被調査者の秘密の保護
- 統計調査によって集められた情報等の取り扱いに従事する職員等や統計調査事務の受託者等には，その情報に関する適正管理義務や業務に関して知り得た被調査者の秘密を漏らしてはならないという守秘義務がある（第39条，第41条～第43条）。
- 違反した者に対しては，罰則が定められている（第57条，第59条，第61条）。

⑤ 統計委員会の設置
- 統計委員会は，専門的かつ中立・公正な第三者機関として，総務省に設置されている（第44条）。
- 主な役割は，統計に関する基本的事項，基本計画案，基幹統計調査の変更など，統計法に定める事項に関する調査審議を行うこと，基本計画の実施状況に関し総務大臣等に勧告すること，関係大臣に必要な意見を述べることなど，公的統計において重要な役割を果たしている（第45条）。

出所：総務省「統計法について」（https://www.soumu.go.jp/toukei_toukatsu/index/seido/1-1n.htm　2020年10月31日閲覧）より抜粋，筆者一部改変。

表 3‒2　主な基幹統計（一部抜粋）

内閣府	国民経済計算＊
総務省	国勢統計
	労働力統計
	就業構造基本統計
	社会生活基本統計
文部科学省	学校基本統計
	学校保健統計
	学校教員統計
	社会教育統計
厚生労働省	人口動態統計
	国民生活基礎統計
	社会保障費用統計＊

注：＊は，他の統計を加工することによって作成される「加工統
　　計」を指している。
出所：筆者作成。

学習課題

① 統計法改正の意義についてまとめてみよう。

② 基幹統計を一つ取り上げ，最新のデータをもとに，その結果と考察について考え
　てみよう。

第 4 章

社会福祉調査における倫理と個人情報保護

近年，情報通信技術（IT）の発展や，事務作業の省力化に伴い，公的機関をはじめ，企業や医療，教育の場でも，個人情報がデータベース化されるようになってきている。それは，調査の世界でも同様であり，質問紙調査の回答内容やインタビュー調査の会話内容をデータとして保存し，必要なときに分析できるようにしている。その際には，調査対象者が安心して調査に協力できるように，調査者は，データの取り扱いや管理など，適切な手続きが求められることはいうまでもない。

本章では，社会福祉調査を実施する際に必要となる倫理的配慮と，個人情報の適切な取り扱いを中心に学ぶ。

1　社会福祉調査と倫理との関係性

社会福祉分野における調査の特性として，表 4-1 の 3 点が挙げられる。

表 4-1　社会福祉分野における調査の特性

①　調査対象者が疾病や障害の状況により，調査の意図を理解することが困難な場合がある。
②　調査対象者のニーズ把握や，調査対象者を取り巻く状況（家族や地域，学校，職場など）の理解を目的とした調査が実施されることが多い。
③　支援を提供する側が調査者，支援を受領する側が調査対象者など，調査者と調査対象者との関係性に上下関係や利害関係が発生しやすい状況にある。

出所：筆者作成。

社会福祉分野における調査では，調査対象者が調査の意図を理解しにくい場

合や，調査者からの調査協力依頼を断りにくい現状がある。そのため，調査目的をわかりやすく丁寧に説明したり，調査対象者が安心して調査にのぞめるように，依頼を断ったり，途中で同意を撤回しても不利益が生じないことなどを口頭と書面で説明することが大切である。

　また，調査対象者の個人情報に関わる内容について，回答・発言してもらうことがあるために，そのデータの取り扱いについては十分に留意することはもちろんのこと，調査対象者にもその取り扱いについて明示しておく必要がある。

　このように，社会福祉分野における調査の実施にあたっては，調査者の倫理的姿勢が求められる。そのため，調査者が自らの調査手続きに関する倫理的配慮を評価し，必要に応じて手続きの見直しをかけることも大切であるが，第三者に評価してもらうことも有効である。したがって，大学などの教育機関等に設置されている研究倫理審査委員会などで，調査の手続きが倫理的に問題がないかを審査してもらうことが望ましいものといえる。

2　社会福祉調査における倫理的配慮

（1）一般社団法人社会調査協会の倫理規程

　社会福祉調査を実施するうえで必要な倫理的配慮について参考になるのが，2009年5月16日より施行された，一般社団法人社会調査協会の倫理規程である（表4-2）。

　社会調査協会の倫理規程をふまえ，社会福祉調査の実施における倫理的配慮について説明する。

　第3条で，調査対象者の協力は，強制ではなく，自由意志である必要が強調されている。これは，教員が学生に依頼する場合や，専門職が利用者やその家族に依頼する場合など，調査者と調査対象者との間に，上下関係や利害関係が発生しやすい場合は，特に留意する必要がある。また，調査協力に同意した後でも，いつでも同意撤回ができるように説明しておくことも忘れてはならない。

　第4条の二次分析とアーカイブ・データについて説明する。二次分析とは，調査者以外が収集したデータを用いて分析することである。その二次分析の際

表4-2　一般社団法人社会調査協会の倫理規程

第1条

　社会調査は，常に科学的な手続きにのっとり，客観的に実施されなければならない。会員は，絶えず調査技術や作業の水準の向上に努めなければならない。

第2条

　社会調査は，実施する国々の国内法規及び国際的諸法規を遵守して実施されなければならない。会員は，故意，不注意にかかわらず社会調査に対する社会の信頼を損なうようないかなる行為もしてはならない。

第3条

　調査対象者の協力は，自由意志によるものでなければならない。会員は，調査対象者に協力を求める際，この点について誤解を招くようなことがあってはならない。

第4条

　会員は，調査対象者から求められた場合，調査データの提供先と使用目的を知らせなければならない。会員は，当初の調査目的の趣旨に合致した2次分析や社会調査のアーカイブ・データとして利用される場合および教育研究機関で教育的な目的で利用される場合を除いて，調査データが当該社会調査以外の目的には使用されないことを保証しなければならない。

第5条

　会員は，調査対象者のプライバシーの保護を最大限尊重し，調査対象者との信頼関係の構築・維持に努めなければならない。社会調査に協力したことによって調査対象者が不利益を被ることがないよう，適切な予防策を講じなければならない。

第6条

　会員は，調査対象者をその性別・年齢・出自・人種・エスニシティ・障害の有無などによって差別的に取り扱ってはならない。調査票や報告書などに差別的な表現が含まれないよう注意しなければならない。会員は，調査の過程において，調査対象者および調査員を不快にするような性的な言動や行動がなされないよう十分配慮しなければならない。

第7条

　調査対象者が年少者である場合には，会員は特にその人権について配慮しなければならない。調査対象者が満15歳以下である場合には，まず保護者もしくは学校長などの責任ある成人の承諾を得なければならない。

第8条

　会員は，記録機材を用いる場合には，原則として調査対象者に調査の前または後に，調査の目的および記録機材を使用することを知らせなければならない。調査対象者から要請があった場合には，当該部分の記録を破棄または削除しなければならない。

第9条

　会員は，調査記録を安全に管理しなければならない。とくに調査票原票・標本リスト・記録媒体は厳重に管理しなければならない。

出所：一般社団法人社会調査協会の倫理規程（https://jasr.or.jp/member/ethics/　2020年10月11日閲覧）をもとに筆者作成。

に用いられるのが，アーカイブ・データである。アーカイブ・データとは，大学などの教育機関や研究機関が，過去の様々な統計調査や社会調査から収集・保管しているデータを指しており，そのデータを学術目的での二次的な利用のために提供している。

　有名な機関として，東京大学社会科学研究所附属社会調査・データアーカイブ研究センター（SSJDA：Social Science Japan Data Archive）がある。

　なお，アーカイブ・データを用いた二次分析に期待できる効果は，表4-3のとおりである。

表4-3　アーカイブ・データを用いた二次分析に期待できる効果

①　様々なデータを組み合わせて分析が可能になるため，より多くの新しい研究の扉が開くきっかけになる。
②　過去のデータを分析として用いることで，新たな調査を実施する必要がなくなり，調査対象者側の負担軽減になる。
③　新しい調査企画を検討する際に，過去の質問項目やデータを参考に，より精度の高い調査の実施が可能になるため，それはわが国の統計調査や社会調査の質の維持・向上に役立つことができる。

出所：東京大学社会科学研究所附属社会調査・データアーカイブ研究センター「SSJDA とは？」（https://csrda.iss.u-tokyo.ac.jp/surveybase/ssjda/　2020年10月11日閲覧）より抜粋，筆者一部改変。

　第5条で示されている，調査対象者の不利益が被らないように予防策を講じるだけでなく，不利益が生じた場合の対応についても事前に検討しておく必要がある。

　第6条に示されているように，近年，わが国でも，性別や国籍，価値観などが多様化してきていることからも，その傾向は調査対象者にもいえることである。そのため，調査を実施する際の文書や発言にも留意する必要がある。したがって，質問紙調査の場合には，本調査に入る前に，調査対象者の一部に質問紙の内容などをチェックしてもらう事前調査（予備調査：プリテスト）の実施や，インタビュー調査の手続きや進め方を示す「インタビューガイド」（本書139頁参照）の作成など，可能な限り，調査対象者が不快にならないように配慮する必要がある。

　第7条では，調査対象者の年齢によっては，調査対象者の保護者や調査対象

者が所属する長の承諾も得る必要がある。

　第8条の記録機材の取り扱いについては，ICレコーダーやビデオカメラを用いて録音や録画ができれば，より詳細な分析が可能であるが，用いる場合には，調査対象者に調査の前に説明し，承諾を得るようにすることが必要である。

　第9条では，鍵付きロッカーの中で厳重に保管することが望ましいが，加えて，データを入力する際には，決められた場所で入力作業を行うようにし，様々な場所へ質問紙を持ち出すことがないようにしたほうがよい。一方で，事前に決めている，調査終了後の保管年数に達した場合には，質問紙を焼却したり，記録媒体（USBメモリなど）が復元されないように粉砕したりすることも必要となる。このような流れも，調査対象者に事前に説明しておく必要がある。

（2）ソーシャルワーカーの倫理綱領

　特定非営利活動法人日本ソーシャルワーカー協会が2020年8月3日に承認したソーシャルワーカーの倫理綱領内で，社会福祉調査の実施に関わる倫理を一部抜粋したものが，表4-4のとおりである。

表4-4　ソーシャルワーカーの倫理綱領（一部抜粋）

倫理基準
Ⅰ　クライエントに対する倫理責任
8．（プライバシーの尊重と秘密の保持）　ソーシャルワーカーは，クライエントのプライバシーを尊重し秘密を保持する。
9．（記録の開示）　ソーシャルワーカーは，クライエントから記録の開示の要求があった場合，非開示とすべき正当な事由がない限り，クライエントに記録を開示する。
12．（情報処理技術の適切な使用）　ソーシャルワーカーは，情報処理技術の利用がクライエントの権利を侵害する危険性があることを認識し，その適切な使用に努める。
Ⅳ　専門職としての倫理責任
7．（調査・研究）　ソーシャルワーカーは，すべての調査・研究過程で，クライエントを含む研究対象の権利を尊重し，研究対象との関係に十分に注意を払い，倫理性を確保する。

出所：特定非営利活動法人日本ソーシャルワーカー協会の倫理綱領（http://www.jasw.jp/about/rule/　2020年10月11日閲覧）をもとに筆者作成。

ソーシャルワーカーの倫理綱領をふまえ，社会福祉調査の実施における倫理的配慮について説明する。

専門職は，調査対象となるクライエントやその家族，あるいは住民やその他の専門職などとの関係性に注意を払うことが求められる。そこに上下関係や利害関係があれば，調査対象者が調査者である専門職に気を遣い，調査者が期待しているデータに合わせた回答や発言を行いがちになる。そうなると，客観的なデータを収集することが難しくなるため，調査者と調査対象者との関係性には，可能な限り上下関係や利害関係が生じないようにすることが大切である。やむを得ず，そのような関係性が生じる場合には，調査協力依頼時の口頭による説明や書面などで，「調査協力への拒否や同意撤回，回答・発言の内容が調査対象者の不利益にならない」ことを明示し，調査対象者が安心して回答や発言できるような環境を整えるように配慮することが必要となる。

3　社会福祉調査における個人情報保護

（1）OECD 8 原則とは

1960年代後半〜1970年代の欧米では，国際的な IT 化による高度情報化社会に伴い，国や行政機関だけでなく，企業も国民一人ひとりの個人情報を取り扱う機会が急増するようになった。しかしそれは，国や行政機関が個人情報を含む様々な情報を一元管理する動きがみられたり，また国民の個人情報が漏洩の脅威にさらされたりするおそれにもなった。そのため，個人情報保護に関する法律が各国で制定されるようになった。

その一方で，各国の個人情報保護に関する法律制定により，各国間の制度や規則の違いに伴い，国際社会における自由かつ効率的な貿易流通の制限になることも指摘されるようになった。

このような背景をふまえ，経済協力開発機構（OECD）は，1980年に「プライバシー保護と個人データの国際流通についての勧告」を採択し，その中で「OECD 8 原則」を示し，各国間での制度や規則のばらつきを是正する内容をとりまとめた。

なお，この OECD 8 原則（表 4 - 5）は，わが国の個人情報保護法の柱にも
なっている（詳細は本節第 3 項参照）。

表 4 - 5　OECD 8 原則

①　目的明確化の原則	⑤　安全保護の原則
②　利用制限の原則	⑥　公開の原則
③　収集制限の原則	⑦　個人参加の原則
④　データ内容の原則	⑧　責任の原則

出所：筆者作成。

（2）個人情報保護法とは

わが国では，2003年に「個人情報の有用性に配慮しつつ，個人の権利利益を
保護すること」を目的に，個人情報保護法（同時に関連 4 法）が公布され，全面
施行は2005年であった。その後，IT の発展や事業活動のグローバル化等の急
速な環境変化等をふまえ，2015年に改正法が公布され，全面施行は2017年で
あった。

「個人情報保護法」という名称ではあるが，第 1 条の目的に示されているよ
うに，本法の目的は個人の権利利益の保護であり，個人情報の保護が目的では
ないことに留意する必要がある。その背景には，前項で示した OECD の「プ
ライバシー保護と個人データの国際流通についてのガイドライン」の中で，個
人情報の有用性を阻害する動きは避けるように示されていることにある。

国際的な貿易流通が活発化すると，様々な人や情報，モノ，サービスなどが
行き交うようになるが，個人情報の過度な保護が発動されると，貿易流通が円
滑に立ち行かなくなるおそれがある。そのため，本法の目的である第 1 条でも，
「個人の権利利益の保護と個人情報の有用性との調和（バランス）」が示されて
いる。

ここで，個人情報保護法で用いられている主な用語を整理し（表 4 - 6），そ
の補足説明に加えて，2015年改正（2017年全面施行）に伴うポイントについても
説明する。

個人情報については，個人を特定できない情報であっても，他の情報と容易
に照合することができ，それにより特定の個人を識別できる場合には，個人情

報の扱いとなる。また，生存していない個人の情報は，本法の対象とならない
が，遺族等の生存する個人情報に含まれる場合には，生存していなくても，生
存する個人情報として本法の対象となる。

　要配慮個人情報は，改正に伴い，表 4-6 にあるように定義づけられた。な
お，要配慮個人情報の取得の場合には，本人の同意が必要である。

表 4-6　個人情報保護法で用いられる主な用語

個人情報 （第 2 条第 1 項）	生存する個人に関する情報のうち，特定の個人を識別できる情報
個人識別符号 （第 2 条第 2 項）	①　特定の個人の身体の一部の特徴を電子的に利用するために変換した符号 例：顔，指紋・掌紋・虹彩，手指の静脈，声紋，DNA など ②　サービス利用や書類において対象者ごとに割り振られる公的な番号 例：マイナンバー，旅券番号，免許証番号，基礎年金番号，各種保険証の記号番号など
要配慮個人情報 （第 2 条第 3 項）	本人の人種，信条，社会的身分，病歴，犯罪の経歴，犯罪被害情報など不当な差別や偏見が生じる可能性がある個人情報
個人情報データベース等 （第 2 条第 4 項）	特定の個人情報を容易に検索することができるように体系的に構成したもの
個人情報取扱事業者 （第 2 条第 5 項）	個人情報を事業等の目的で取り扱い，個人情報保護法の対象となる事業者（国や地方公共団体等の公的機関を除く）
個人データ （第 2 条第 6 項）	個人情報データベース等を構成する個人情報
保有個人データ （第 2 条第 7 項）	個人情報取扱事業者が開示，内容の訂正，追加または削除，利用の停止，消去および第三者への提供の停止を行うことのできる権限をもっている個人データなど
匿名加工情報 （第 2 条第 9 項）	個人情報から当該情報に含まれる氏名や生年月日，住所の記述等，個人を識別する情報を削除したり，別の内容に置き換えることで，特定の個人を識別できないように加工し，復元することができない個人情報

出所：筆者作成。

　個人情報データベース等では，個人情報の処理形態として，コンピュータ処
理（電算処理）とマニュアル処理（手書き処理）がある。後者では，手書きの相
談記録やケース記録も含まれる。なお，改正に伴い，データベースの不正提供
に関する罰則規定が加えられた。

　個人情報取扱事業者は，改正前には，取り扱う個人情報によって識別される特定の個人の数の合計が5000を超える事業者（5001人分以上の個人情報を利用する事業者）を指していたが，改正後は，個人情報を利用するすべての事業者が対象となった。したがって，大勢の従業員を抱える企業や大量の個人情報を事業に利用している企業だけでなく，中小企業や個人事業主，町内会・自治会，学校の同窓会なども，個人情報を取り扱う際のルールが義務づけられている。

　改正に伴い，定義が明確化された匿名加工情報は，顔写真やケース記録から個人が特定されるような箇所をマスキング（覆い隠す）加工することにより，実習時の事例として取り扱いやすくなる。なお，社会福祉調査の成果を発表する際には，個人が特定されないように，調査対象者の氏名や住所をＡさんやＢ市に変換したりする配慮が必要である。

（3）社会福祉調査と個人情報保護法との関係性

　OECD8原則と個人情報保護法における個人情報取扱事業者の義務規定との対応表は，図4－1である。

　OECD8原則と個人情報取扱事業者の義務規定との対応をふまえ，社会福祉調査の実施における個人情報の取り扱いに置き換えて説明する。

　①目的明確化の原則では，個人データ（以下データ）の収集目的と利用目的にズレがあってはいけないということである。したがって，個人情報保護法第15条（利用目的の特定）に示しているように，データの利用目的を特定し，それを調査対象者に事前に伝えておく必要がある。

　②利用制限の原則では，データ主体（ここでは調査対象者）の同意がある場合や，法律の規定による場合を除き，データを利用外目的に使用してはならないということである。したがって，個人情報保護法第16条（利用目的による制限）や第23条（第三者提供の制限）に示しているように，調査対象者が同意した利用目的の範囲内でしかデータを利用できないことについて，調査者は理解しておく必要がある。

　③収集制限の原則では，不正にデータを収集することなく，調査対象者の同意のもとデータを収集することが求められる。なお，個人情報保護法第17条

OECD 8 原則	個人情報取扱事業者の責務
① 目的明確化の原則 ・収集目的を明確にし，データ利用は収集目的に合致するべき ② 利用制限の原則 データ主体の同意がある場合，もしくは法律の規定による場合を除き，目的以外に利用使用してはならない	（第15条）利用目的をできる限り特定しなければならない。 （第16条）利用目的の達成に必要な範囲を超えて取り扱ってはならない。 （第23条）本人の同意を得ずに第三者に提供してはならない。
③ 収集制限の原則 適法・公正な手段により，かつデータ主体に通知または同意を得て収集されるべき	（第17条）偽りその他不正の手段により取得してはならない。
④ データ内容の原則 利用目的に沿ったもので，かつ，正確，完全，最新であるべき	（第19条）正確かつ最新の内容に保つよう努めなければならない。
⑤ 安全保護の原則 合理的安全保護措置により，紛失・破壊・使用・修正・開示等から保護するべき	（第20条）安全管理のために必要な措置を講じなければならない。 （第21・22条）従業者・委託先に対する必要な監督を行わなければならない。
⑥ 公開の原則 データ収集の実施方針等を公開し，データの存在，利用目的，管理者等を明示するべき ⑦ 個人参加の原則 データ主体が自己に関するデータの所在及び内容を確認でき，または意義申立を保証するべき	（第18条）取得したときは利用目的を通知又は公表しなければならない。 （第27条）利用目的等を本人の知り得る状態に置かなければならない。 （第28条）本人の求めに応じて保有個人データを開示しなければならない。 （第29・30条）本人の求めに応じて訂正や利用提示等を行わなければならない。
⑧ 責任の原則 管理者は諸原則実施の責任を有する	（第35条）苦情の適切かつ迅速な処理に努めなければならない。

図 4-1　OECD 8 原則と個人情報取扱事業者の義務規定との対応

注：各義務規定には適宜除外事由あり。
出所：内閣府国民生活局個人情報保護推進室（2004）「個人情報の保護に関する法律」説明資料より抜粋，
　　　筆者一部改変。

（適正な取得）に対応している。

　④データ内容の原則では，収集したデータは，利用目的をもとに，常に正確かつ最新の状態を保つ必要がある。なお，個人情報保護法第19条（データ内容の正確性の確保等）に対応している。

　⑤安全保護の原則では，収集したデータを紛失等から保護するために，しかるべき手順で保管する必要がある。また，データ入力等を調査協力者や委託先に依頼する場合には，データの取り扱いについて契約を交わし，その契約内容を相互に遵守する必要がある。なお，個人情報保護法第20条（安全管理措置），第21条（従業者の監督），第22条（委託先の監督）に対応している。

　⑥公開の原則では，収集したデータの取り扱いについて情報公開する必要がある。データの収集方法や利用目的，それに伴う手続きなど，一連の流れを透明化しておき，調査対象者によりわかりやすく示しておく必要がある。なお，個人情報保護法第18条（取得に際しての利用目的の通知等），第27条（保有個人データに関する事項の公表等）に対応している。

　⑦個人参加の原則では，調査対象者が自己のデータへの開示や訂正，削除できることなどを保証する必要がある。なお，個人情報保護法第28条（開示），第29条（訂正等），第30条（利用停止等）に対応している。

　⑧責任の原則では，収集したデータは貴重なデータであり，紛失や漏洩することにより，調査対象者への不利益になるおそれもあるため，調査者は，責任を有することを自覚しておくことが大切である。また，調査対象者からの問い合わせや苦情の受付窓口を明確にしておき，調査対象者には事前に伝えておく必要がある。なお，個人情報保護法第35条（個人情報取扱事業者による苦情の処理）に対応している。

（4）統計法における個人情報保護

　統計法では，個人情報保護の観点から，第4章「調査票情報等の保護」として，表4-7の規定が盛り込まれている。

　行政機関の長や（指定）地方公共団体の長その他の執行機関，（指定）独立行政法人等に対し，統計調査により得られた調査票の情報などの適正な管理や原

表 4 - 7　統計法における個人情報保護に関する規定

⑴	調査票情報等の適正な管理
⑵	調査票情報等の利用制限
⑶	守秘義務
⑷	調査票情報等の提供を受けた者による適正な管理
⑸	調査票情報の提供を受けた者の守秘義務等

出所：筆者作成。

則，目的外利用や提供の禁止が示されている。また，行政機関や地方公共団体，独立行政法人等，あるいは，そこから委託されている事業者で従事している職員や過去に従事していた職員は，条文に定められている業務を通して知りえた個人や法人，団体の秘密を漏らしてはいけないことも示されている。さらに，調査票情報等の提供を受けた者や取り扱いの業務を委託された者は，調査票の情報などの適正な管理や守秘義務，目的外利用や提供の禁止が示されている。

参考文献

石田路子（2009）『社会調査の基礎』久美。
潮谷有二（2010）「社会福祉と社会調査」潮谷有二・杉澤秀博・武田丈編『MINERVA
　社会福祉士養成テキストブック⑤　社会調査の基礎』ミネルヴァ書房，2〜22頁。

学習課題

① 　社会福祉調査を実施する際に求められる倫理的姿勢についてまとめてみよう。
② 　社会福祉調査を実施する際に求められる個人情報の適切な取り扱いについてまとめてみよう。

第5章

社会福祉調査の流れ

　社会や社会福祉場面における調査の意義については，本書第1章で説明しているが，それは社会人に限ったことではなく，学生も調査を実施する場合がある。たとえば，卒業研究や各実習の場合である。調査は，実施する際の手続きも大切であるが，その前段階である実施する前の手続きも大切である。なぜならば，調査が開始すれば，途中で方針を変更したり，調査をやり直したりすることは原則，困難なためである。

　本章では，社会福祉調査を実施する前に必要なことに加え，社会福祉調査の展開と実際の流れについて学ぶ。

1　社会福祉調査を実施する前に

（1）問いの設定

　原田は，調査を実施するうえで，最初の段階である「調査のための問い」の設定がもっとも重要になるとしている。問いの設定の最初の段階では，調査を実施する側が「何を知りたいのか」ということを明確にする必要がある。[1]

　では，調査の問いはどのようにして立てればよいのか。主な問いの立て方としては，図5-1の流れである。

　①の疑問を持つ視点は，調査を実施する前の「問いの立て方」のときだけでなく，調査の一連の流れの中で常に持ち続けることが大切である。②の興味や関心の発見は，これまでの個人的な体験だけでなく，ボランティアやアルバイト活動，実習，仕事の中で見つけることもある。また，新聞や雑誌，ニュース，

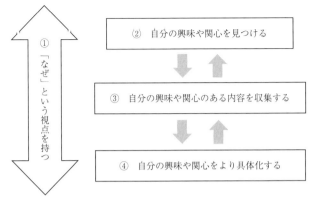

図5-1　調査の問いの立て方

出所：筆者作成。

書籍などから見出すこともある。③の興味や関心のある内容の収集では，新聞や雑誌，ニュース，書籍の閲覧をはじめ，関連するイベントやセミナーに参加してみたり，関連する人たちに直接，お話をうかがってみたりすることなどが挙げられる。④の興味や関心のある内容の具体化では，その内容を調査する場合に，より調査しやすいテーマに置き換えることが必要になる。たとえば，調査対象者は誰にするのか，どのような方法で何を明らかにするのかなど，漠然としていた内容をより具体化することが求められる。その過程で大切になるのが，次項の文献レビューである。

　なお，図5-1では，②～④の各取り組みは双方向となっている。内容が不十分とわかれば，いさぎよく前段階に戻り，新たに探したり，追加で調べたりすることなどの繰り返しが，調査全体の土台づくりになっていることを理解しておく必要がある。

（2）文献レビューとは

　文献レビューとは，文献を概観し，精査することである。ざっと広く見わたす「概観」と詳細に調べる「精査」のバランスが大切になってくる。

　文献レビューの目的は，これまでに発表されている報告書や論文，書籍などをふまえ，独創性（オリジナリティ）や価値のある研究とは何かを検討すること

である。そのため，様々な角度から広く文献を収集するとともに，そこから見えてくる研究の価値となるものを見出すことが求められる。

　文献収集の方法として，表5-1の方法がある。

表5-1　文献収集の方法

①　テーマに関する概論書や入門書をまずは探す。
②　一見テーマと関連性がないと思えるような文献を探す。
③　自らの仮説内容とは逆の視点（内容）の文献を探す。

出所：久田則夫（2003）『社会福祉の研究入門——計画立案から論文執筆まで』中央法規出版，70～72頁より抜粋，筆者一部改変。

　①は，テーマに関する専門書というよりも，テーマについて広く浅く書かれている書籍をまずは探してみるということである。そして，次の段階として，その概論書や入門書の中で示されている引用文献や参考文献に注目し，その文献を探していくことが望ましい。たとえば，自分のテーマが「認知症高齢者へのケア」であれば，「高齢者福祉」や「介護」に関する教科書を読み，その教科書の中で示されている引用文献や参考文献を次に探していくという流れである。

　②と③は，自分のテーマがより独創性や価値のある研究にしていくための方法である。たとえば，自分のテーマの対象者が社会福祉士の専門職であった場合に，社会福祉士に関する文献ばかりを探すのではなく，関連専門職である看護師に関する文献も探し，目を通してみると，看護師の中ではごく自然に行われている内容が社会福祉士では目新しいという内容もある。

　また，自分が信じている考えや方向性（仮説）を後押しする文献ばかりを探すのではなく，あえて逆の文献を探し，それを活かすことで，自分の仮説がより強固なものとなり，批判的な意見に対しても，相手が納得いくような返答がしやすくなるといえる。

（3）文献目録

　自分のテーマに関する研究が，これまでにどこまでが明らかにされていて，どこからが明らかにされていないのかを検討するためには，これまでの研究の整理をする必要がある。

そのため，表5-2のように文献目録を作成すると，自分のテーマに関する研究の全体像をつかみやすく，どこに注目して研究を展開すればよいかの指針になる。したがって，研究の独創性や価値を見出しやすいものといえる。

発行年順に整理すると，時代の移り変わりとともに，自分のテーマの方向性も変わってきているのか，変わってきていないのかが一目でわかる。また，対象や方法を整理することで，未着手の対象や方法にも気づきやすくなる。

表5-2　文献目録の一例

No.	題目 もしくは書名	著 者	発行年	雑誌名（巻・号） もしくは発行社	目 的	対 象	方 法	結 果

出所：筆者作成。

2　社会福祉調査の展開

（1）演繹法

演繹法とは，理論化された概念（一般仮説）を立証するために，調査が行われやすい仮説（特殊仮説）に置き換えて，質問紙調査などを通じて論証する方法である。すなわち，自らが調査前に設定した仮説が本当に成り立っているのかを確認することを目的としている。すなわち，演繹とは，先行研究（本章第3節第2項②を参照）や様々な文献から導き出した一般仮説から，より具体的な仮説（特殊仮説）を導き出す方法である。このように，事前に仮説を設定し，調査を通じて検証する研究を仮説検証型研究という。

ここで，演繹法を説明するための仮説例を挙げる（表5-3）。

表5-3　演繹法による仮説例

① 社会的役割を多く持っている人は，自分の存在意義を感じやすいために，心理状態は良いものとなる。【一般仮説】
② 地域活動に参加している独居高齢者と，全く参加していない独居高齢者を比較した場合，参加している高齢者の主観的幸福感が高くなる。【特殊仮説】

出所：筆者作成。

②の仮説が支持されると証明されたら，①の仮説も支持されたという証明になる。

ところで，①の「社会的役割」という言葉から，どのような質問項目が思い浮かぶだろうか。このままでは，質問項目を作成することが難しいかもしれない。たとえば，「地域活動に参加することで，自らの役割を実感できる」と書かれている文献があれば，それをもとに，②の仮説では「社会的役割」を「地域活動に参加しているか否か」に置き換えられるものといえる。そこから，「あなたは現在，地域活動に参加していますか，参加していませんか」という質問項目が思い浮かびやすくなる。

（2）帰納法

帰納法とは，観察的側面から，個別の事象（事例）の調査（事例研究やインタビュー調査など）を行い，すべてのものに通じる性質を持つ普遍的な理論や原理，命題を導き出す方法である。具体的には，複数の個別的な経験的事実（特殊仮説）をもとに，事象（事例）を積み重ね，最終的には一般的な法則性（一般仮説）を見出すことを目的としている。

すなわち，帰納とは，具体的かつ特殊な事例をもとに導いた仮説（特殊仮説）から一般化した仮説（一般仮説）を作り出す方法である。

このように，少数の事例に焦点を当て，それぞれの事例から収集したデータや情報をもとに，あるテーマに対する理解を深め，新たな仮説を構築していく研究を仮説構築型研究という。

ここで，帰納法を説明するための仮説例を挙げる（表5‐4）。

表5‐4　帰納法による仮説例

③　A市では，民生委員の後継者が不足している。【特殊仮説】
④　B市では，民生委員の後継者が不足している。【特殊仮説】
⑤　民生委員の後継者が不足している。【一般仮説】

出所：筆者作成。

③と④では，A市とB市の複数の民生委員にインタビューを行ったところ，後継者が不足しているとの回答であった。そこから，民生委員の後継者が不足

しているという⑤の仮説を導き出している。

　なお，③と④の特殊仮説を見出すために，Ａ市とＢ市で複数の民生委員にインタビューを行うなど，複数の個別事例から③と④の特殊仮説を作り出すことを経験的一般化という。また，前述したように，③と④の特殊仮説から⑤の一般仮説を導き出すことを帰納という。

　この経験的一般化と帰納の一連の流れが帰納法である。

3　社会福祉調査の実際

（1）社会福祉調査の実施過程

　社会福祉調査とは，準備，実施，整理の三段階に分けられるとし，井垣は，[(2)]「ここで注意すべき点は，調査過程は一段階が終わってはじめて次の段階が考察されるという段階区切りのものではなく，前後に循環的に交錯し合う有機的な連関性によって特質づけられるものである」と述べている。

　たとえば，次項の⑥事前調査（予備調査）を実施し，その結果，前段階の⑤質問紙の見直しをすることもある。このように，各段階は一方向へ順番に進むだけではなく，前段階に戻り，見直しをかけながら，より良いものを生み出す姿勢が大切である。

（2）準　備

①　調査目的の設定

　調査目的を設定する際に，表5-5の3点をふまえて検討する必要がある。表5-5のポイントは，調査結果を発表する際のテーマにも関係してくるものといえる（表5-6）。

　なお，後述の④企画で，詳細な内容については再度，検討することになるが，この段階でも，調査実行の可能性は考えておく必要がある。具体的には，調査にかかる経費（予算）や，調査に協力してくれる機関や団体の存在の見通しなどが挙げられる。また，調査結果の利用についても明文化しておくことが，調査を成功させる基本となる。[(3)]

表5-5　調査目的を設定するうえでのポイント

① 目的：調査から何を明らかにしたいのか
② 対象：誰を対象にするのか
③ 方法：どのような方法で調査を実施するのか

出所：筆者作成。

表5-6　テーマと調査目的との関係性

◆テーマ
「小学校高学年の食生活に関する調査——質問紙調査結果をもとに」
① 目的：子どもの食生活の現状を明らかにする
② 対象：小学校高学年とする
③ 方法：質問紙調査を実施する

出所：筆者作成。

② 先行研究

　質問紙の内容を検討する際に，自分が関心のあることや聞きたいことをそのまま質問に置き換えるのではない。調査目的が明確になれば，その内容やテーマに関連する，あるいは類似する調査結果や調査データが盛り込まれている報告書や論文，書籍などを参考に質問を作成することが大切である。

　なぜなら，自分の調査や研究は独立して存在するのではなく，先行研究，すなわち，これまでに発表されている調査結果や調査データ，研究成果と比較し，自分の調査や研究と同じ結果や成果に至ったのか，あるいは異なる結果や成果が生まれたのかを検証することが大切なためである。このような検証とその積み重ねが，その分野における貴重な財産になる。そのため，質問紙を作成する際には，これまでに発表されている報告書や論文，書籍などを丁寧に調べ，自分の関心のある内容やテーマが現在，どこまでが明らかにされ，どこからが明らかにされていないのかを整理する必要がある（本章第1節第2項参照）。

　そして，明らかにされていることについて，調査対象や調査方法を変え，さらに深く検証するのか，あるいは明らかにされていないことに注目し，検証するのかを考え，それに応じた質問項目を作成することになる。その質問項目を作成する際にも，これまでに発表されている報告書や論文，書籍の内容を参考にすることが多い。

③　仮説

　これまでの調査や研究をもとに，自分の調査や研究を検証する際に，検証するための軸が必要となる。それが仮説である。仮説とは，先行研究や文献研究から検証可能な仮説を導き，調査結果がどのようになるかを推測するために設定する。この仮説にしたがって，質問項目間の分析を行い，仮説が支持されるか，支持されないかを検証する。それが，調査の終了時の評価や検証を行う一つの重要な指標となる。

④　企画

　企画は，調査対象者や調査方法，調査時期を含むスケジュール，予算など，調査規模の大小をもとに決定する。

　たとえば，調査対象者を子どもや高齢者という年齢層の視点，身体障害者や知的障害者，精神障害者という障害種別という視点，年齢や種別を問わず，施設や在宅，地域という視点は，この段階で決定しておく必要がある。また調査方法についても，質問紙調査なのか，インタビュー調査なのか，そして，その後のデータ処理の方法によっても，企画が大きく変わることになる。具体的には，施設で生活する調査対象者であれば，施設への協力依頼が必要となったり，大規模な調査であれば，複数の調査員を雇用したりする必要性が生じる。

　なお，企画を立てる際には，不測の事態も想定したうえで，少し余裕を持てるスケジュールを組むことも大切である。

⑤　質問紙

　質問紙は，調査目的に応じたデータが得られるものを作成しなければならない。また，調査対象者が正確に回答できるように配慮することも求められる。その一方で，質問紙調査実施のやり直しは困難なものといえる。そのため，この一連の調査過程で，質問紙の作成は最も重要な過程である。

⑥　事前調査（予備調査：プリテスト）

　質問紙は，調査者側が調査目的を達成するために，一方的に作成したものである。そのため，回答者である調査対象者側からみると，回答しづらい質問や抜け落ちている選択肢もみられることが予想される。したがって，予算も時間もかけて行う本調査の前に，調査対象者の一部に協力を求め，質問紙を確認し

てもらうことが大切である。

　そして，事前調査（予備調査：プリテスト）を実施することで，調査対象者による質問内容への理解度や回答時間の適正度など，質問紙の適切性を検証することができる。

　⑦　準備

　調査対象者の選定や調査方法の確定，調査員の配置など，調査目的で決定した工程に応じて，関係機関や調査対象者への協力依頼をはじめ，質問紙以外にも，依頼文書や同意書，同意撤回書など各関係書類の作成，調査終了時の作業準備まで，ミスが生じないように，本調査に関わる全員で確認する必要がある。

　調査実施におけるトラブルは，調査対象者をはじめ，各関係者からの信頼を損なうとともに，貴重な研究資源を失うことにもなりかねない。そのため，調査実施の前に必要な過程であるといえる。

（3）実　施

　前項までの準備を経て，いよいよ本調査が行われる。具体的には，質問紙の説明と配布，実施，回答者からの質問への対応，クレーム処理などが行われる。また，調査結果の信頼性と妥当性の一つの指標である回収率を上げるために，ハガキやメールなどを活用し，調査対象者に督促を行うこともある。その督促のタイミングは，日々の返送状況を記録し，回収率が低くなる傾向がみえたときに行うのが効果的である。

（4）整　理

　①　データ処理・分析

　質問紙の回収や返送が終わった段階で，パソコン等を用いてデータ入力を行うが，入力前にいくつかの手順をふむ必要がある。質問紙は，回答されている内容をそのまま入力するだけのものではない場合が多く，データを加工や置換する作業が必要な場合もある。また，入力するデータの信頼性の有無の判断や集計時に加工しやすいデータ形式に変更することもある。なお，データ入力後

は，単純集計だけでなく，統計学を用いた分析を行うことになる。

②　研究成果の公表

研究発表や報告書として，調査目的に応じた調査結果に考察を加えた研究成果を社会に公表するだけでなく，調査対象者や各関係機関に対してお礼の意味も込めて，研究成果物を持参したり郵送したりする。

研究成果が自己満足にならないように，社会に積極的に還元していくことが，研究者として大切な姿勢である。

注
(1)　原田奈津子（2010）「福祉にかかわる調査のための問いの設定と調査の流れ」潮谷有二・杉澤秀博・武田丈編『MINERVA 社会福祉士養成テキストブック⑤　社会調査の基礎』ミネルヴァ書房，24〜36頁。
(2)　井垣章二（1968）『社会調査入門』ミネルヴァ書房。
(3)　立石宏昭（2010）『社会福祉調査のすすめ——実践のための方法論（第 2 版）』ミネルヴァ書房。
(4)　(3)と同じ。

参考文献
岩永雅也（2001）「社会を調査する」岩永雅也・大塚雄作・髙橋一男編『社会調査の基礎』財団法人放送大学教育振興会，10〜23頁。
立石宏昭（2010）『社会福祉調査のすすめ（第 2 版）——実践のための方法論』ミネルヴァ書房。

学習課題
①　社会福祉調査を実施する前の大切な過程である「問いの設定」方法を理解したうえで，実際に問いを立ててみよう。
②　①の問いをもとに，文献レビューを行い，文献目録を作成してみよう。
③　コラムも参考にしながら，演繹法と帰納法はどのような関係であることが望ましいかをまとめてみよう。

~~~~~~~~~~~~~~~~~~ コラム　帰納法は必要か？ ~~~~~~~~~~~~~~~~~

　本書40頁の表5-4をみたときに，「たしかにA市やB市の民生委員にインタビュー調査を行ったところ，民生委員の後継者が不足している回答だったかもしれないが，C市やD町ではそうとも限らないのではないか。たまたま，A市やB市がそのような回答になっただけとは考えられないのか」と思った読者もいるのではないだろうか。

> 演繹法とは異なり，帰納法のような少数の事例から一般的な法則性を見出せるのだろうか。

　たしかに，C市やD町では，民生委員の後継者が不足していない可能性もある。そのため，少数の事例から導き出された一般仮説が一般化できるものであるかどうかを確認する作業が大切になる。その方法としては，次の2点が挙げられる。

> ①　先行研究や様々な文献を通して，他の研究成果や著者の見解をもとに一般仮説が一般化できる内容であるかを検討する。
> ②　一般仮説を調査が行われやすい仮説（特殊仮説）に置き換え（演繹法），大規模な質問紙調査を実施し，A市やB市以外の市町村でも同じような結果がみられるかどうかを検証する。

　このように，少数の事例による調査であることからも，場合によっては結果がたまたまそのように出ることや，選定した事例によっては偏りのある結果が出やすい帰納法であるため，先行研究や文献から理論化する作業が求められたり，大規模な調査を実施したりする必要がある。

> Q．このような帰納法であるが，研究を進めるうえで，果たして必要な方法なのだろうか。

> A．帰納法は，研究を進めるうえで，必要な方法である。
> 　　調査対象者の生の声や実際の生活に関わることもある帰納法には，下記の2点のチカラがある。
> 　（1）大規模な調査によるデータでは表出されにくい新たな発見や面白さに出会えることがある。

　(2)　大規模な質問紙調査など演繹法を用いた仮説の解釈に異議申し立てができ
　　　ることもある。

　上記の(2)であるが，たとえば，本書39頁の表5-3の②の仮説について，インタ
ビュー調査から，「独居高齢者が地域活動に参加していなくても，自宅で趣味を楽しむ
ものがあれば，心理状態は悪くならず，幸せを感じている」という声が複数寄せられる
と，②の仮説について，例外があることがわかる。これは，規定された質問以外の回答
が得られにくい質問紙調査の限界であるともいえる。

　したがって，帰納法と演繹法は，お互いの足りないところを補い合える「相互補完的
な関係」として，両者を活用しながら，研究を展開することがより良い研究成果につな
がることがわかる。

第Ⅱ部

量的調査とは

第6章

量的調査の意義と目的

　量的調査として本章から取り上げるのは質問紙調査である。質問紙調査はその調査目的が明確でないと，せっかく収集したデータも価値を生み出すことはできない。では，どのような目的を達成するために調査を実施すればよいのだろうか。

　本章では，調査目的の立て方と調査の留意点について学ぶ。

1　量的調査とは

　社会調査の方法としては第Ⅱ部で取り上げる「量的調査」と第Ⅲ部で取り上げる「質的調査」があり，具体的な研究法に言い換えると「量的調査」は「質問紙法」にあたり，「質的調査」は「観察法」や「面接法」にあたる。質問紙法は，一般的に「質問紙調査」や「アンケート調査」と呼ばれ，ある課題や目的を明らかとするために，あらかじめ用意された質問項目に対して回答を求め，収集された資料（データ）を集計・分析し，当該の課題や目的に対する解決策や回答を得る方法である。

　質問紙調査は大きく4つの過程を経て進められる。第1は調査の目的の明確化，第2は調査対象の特定，第3は調査項目の準備，第4は収集されたデータの分析である。

2　量的調査の目的と留意点

（1）調査目的の明確化

　厚生労働省の厚生労働統計一覧（https://www.mhlw.go.jp/toukei/itiran/）を閲覧すると，「社会福祉」「介護・高齢者福祉」「社会保険」「社会保障等」など，社会福祉を専攻する学生なら興味を持ちやすい 14 の観点についての公的な調査結果が示されている。これらの調査の目的を概観すると，現状や実態の把握，行政施策策定等の企画立案の基礎資料，統計情報の整備等を目的として調査が実施されている。

　公的調査の調査目的からわかるように，質問紙調査は調査対象者一人ひとりのデータを分析の対象とはせず，調査対象者の集団のデータを分析の対象とし，当該集団で生じている，あるいは生じる可能性がある課題・問題や，日常の業務の中で経験している出来事の現状・実態を把握するために実施される。さらに，質問紙調査は当該集団で生じている課題・問題の構造を明らかとするため，言い換えると課題・問題が生じている仕組み（因果関係）を明らかとするために実施され，課題・問題に対する対処方法を一般化（共通化）するための情報を得るためにも実施される。

　以上のように，質問紙調査を実施する際にはどのような目的を達成するために調査を実施するのかを明確にすることが大切である。質問項目を準備し，実際に調査を実施することは質問紙調査について学んでいない人でもおそらく可能であろう。しかし，調査は上記に挙げた目的のために実施するのであり，その目的が達成されない場合，単に時間と費用を費やすだけに終わってしまう。貴重な時間と費用をかける調査であるからこそ，有益な情報が得られるようにしっかりとした準備をしたいものである。

（2）調査対象者の特定

　調査対象者によって調査結果が異なることは容易に想像できるであろう。身近なところでは，地域住民や施設利用者を対象とした調査が考えられ，他方，

都道府県や市町村単位の大規模な調査も考えられる。質問紙調査では，対象者一人ひとりの回答に関心があるのではなく，それぞれの集団に関する情報に関心がある。調査目的を達成するためには適切な調査対象者を選定することが大切となってくる。詳しくは，第7章と第9章で学習する。

（3）調査項目の準備

　質問紙調査はあらかじめ準備された質問項目に対して回答を求めデータを得ることになる。質問項目を準備する際に大切な点は，準備した項目によって調査者が知りたい情報を知ることができるかということである。質問紙調査について学んでいない人にも質問項目を作成することは可能であろう。しかし，実際に作成してみるとわかるが，調査者が知りたい情報を尋ねる項目を準備するのは難しいものである。語順を変えたり，副詞句や形容詞句を変更するだけで質問の印象は変わる。最終的には項目作成者の表現力やコミュニケーション力が問われることになる。詳しくは，第8章で学習する。

（4）データの分析

　質問紙調査で収集されたデータは集計・分析されて価値を生み出すことができる。データの分析とは調査の目的に対する回答を得る作業である。データの分析は，統計学の知識を利用した分析を最初から開始することはせず，データの単純集計と記述統計の算出から始め，グラフや表に表現し，その後に統計学の知識を利用した分析に進むことをお勧めする。多変量解析等の高度な分析も将来的には必要であろうが，まずはデータをじっくり観て，データに「語らせる」姿勢が大切である。この姿勢を持つことがデータから数多くの情報を得る術であると考えられる。詳しくは，第10章で学習する。

（5）その他の留意点

　最後に，調査の結果の解釈における注意点を述べたい。いかなる調査もその結果に価値があることはいうまでもない。一方で，いずれの調査においても，調査対象者の選定の方法や，質問項目の内容，さらには分析の方法やその解釈

について，問題が含まれている場合がある。これらは，データの信頼性や妥当性，さらにデータ分析や解釈の妥当性に関することであり，調査結果をクリティカルな視点をもって理解する必要がある。詳しくは，第 8 章で学習する。

参考文献

立石宏昭（2010）『社会福祉調査のすすめ——実践のための方法論（第 2 版）』ミネルヴァ書房。

辻新六・有馬昌宏（1987）『アンケート調査の方法——実践ノウハウとパソコン支援』朝倉書店。

学習課題

① 高齢者の課題，障害者の課題など，あなたがこれまでに関心を持ってきた社会福祉に関する課題を調査目的として想定し，調査対象者やその選定方法を考え，調査項目も検討してみよう。調査対象者の選定や項目の検討については，本書第 7 章以降で学習するので，ここでは自由に発想して調査の企画を立ててみよう。

② 統計情報の関心を持ってもらうために，「政府統計の総合窓口（e-Stat）」（https://www.e-stat.go.jp/）を参照し，関心を持った統計情報について，(1)その統計情報が得られた調査の名前，(2)その調査の目的，(3)その調査の方法の 3 点をまとめてみよう。

〜〜〜〜〜〜〜〜〜〜　コラム　調査の意図が伝わる項目作成を目指して　〜〜〜〜〜〜〜〜

　調査者が意図しているように回答者は質問項目を理解してくれているのだろうか。本
コラムでは，文章の順番を変えることにより質問への回答の様子が変化した事例を紹介
し，質問項目の表現に留意することの必要性を示したい。

　「日本人の国民性調査」（統計数理研究所）の調査に以下のような，「日本人は人情課
長が好きか」を問う質問がある。

Q.　A，B二つのタイプの課長がいたとします。あなたはどちらの課長の下で働きた
　　いですか。

> A　規則を曲げてまで無理な仕事をさせることはありませんが，仕事以外のことで
> 　は人のめんどうは見ません。
> B　時には規則を曲げて無理な仕事をさせることもありますが，仕事以外のことで
> 　も人のめんどうをよく見ます。

　この調査の結果はAが12％，Bが81％（無回答があるため回答が100％にならない）
であり，Bに示されている「人情課長」の方を日本人は好むことが示された。この調査
は繰り返し実施され，いずれも同様の結果が得られているという。

　次に，以下のように，内容的には変わらないが，文章の順番を入れ替えて調査を実施
した。

> A　仕事以外のことでは人のめんどうは見ませんが，規則を曲げてまで無理な仕事
> 　をさせることはありません。
> B　仕事以外のことでも人のめんどうをよく見ますが，時には規則を曲げてまで無
> 　理な仕事をさせることがあります。

　この調査の結果はAが48％，Bが47％（無回答があるため回答が100％にならない）
であり，AとBの回答割合に差がなく，Bに示されている「人情課長」が好まれるとは
言えない。

　このような結果となった理由を，日本語の場合は文章の終わりの方が強い意味を持つ
からと事例の紹介者は推測している。文章の順番を入れ替えただけで質問内容の印象が

異なり，調査者の意図とは異なった理解をされる可能性がある。質問項目作成の際，その表現に留意することの重要さを示す例である。

参考文献：平松貞実（1998）『世論調査で社会が読めるか――事例による社会調査入門』新曜社。

第 7 章

量的調査の種類と方法

　みなさんはこれまでに質問紙調査（アンケート調査）に協力・回答された経験があるだろうか。もし，あるのならば，回答者の一人としてあなたは選ばれたことになるが，どのような理由であなたは選ばれたのだろうか。

　本章では，調査対象者の選び方や調査用紙の配付の方法について学ぶ。

1　調査の方法

（1）全数調査と標本調査

　65歳以上の高齢者の生活状況や放課後等デイサービスを利用している児童の学校での様子など，調査にはその調査により何らかの情報を得るという目的があり，調査目的が決まれば，調査の対象もおのずと決まってくる。次に問題となるのは調査対象の範囲である。

　調査対象は，世界全体，日本全国，都道府県，市町村，近隣地域，担当施設など，まとまりのある集団が考えられる。これらの集団に含まれるすべての人を対象とする調査を全数調査（あるいは，悉皆調査）と呼ぶ。しかし，一つの施設ならば入所している利用者を対象とした全数調査を実施することは可能かもしれないが，たとえば日本全国の高齢者をすべて調査対象とすることは，時間と費用がかかるため，対象者の範囲が大きくなるほど実際に調査が行われることは少ない。調査対象の範囲が大きく，実際には全数調査が難しい場合に，採用される調査方法が標本調査である。

（2）いろいろな調査方法

　質問紙調査では，調査の対象者に向けて調査用紙を配付し調査項目への回答を求める。調査用紙の配付方法としては，対面で実施する方法と非対面で実施する方法がある。対面で実施する方法には，集合調査法，個別面接調査法，留置調査法が挙げられる。他方，非対面で実施する方法には，郵送調査法，電話調査法，インターネット調査法が挙げられる。

　集合調査法とは，講演会や運動教室など多くの人が集まる場で調査用紙を配付し回答を求める方法である。個別面接調査法とは，訪問面接調査法ともいい，対象者のもとに出向き回答を求める方法である。集合調査法と個別面接調査法において，その場で調査用紙を回収せず，後日提出を求める方法を特に留置調査法と呼ぶ。郵送調査法とは，調査用紙を郵送や宅配によって個別配付し，調査用紙への回答後，指定された手続き（通常は，同封された返信封筒を利用する）により返送する方法である。電話調査法とは，電話を利用し個別に連絡をとり，口頭で一つずつ質問項目を尋ねる方法である。インターネット調査法は，パソコンやスマートフォンを利用し回答を求める方法である。

　調査用紙の配付方法を選択する際にはそれぞれの配付方法のメリットとデメリットを考慮する必要がある。メリットとデメリットを考える際には，①調査にかかる費用，②調査にかかる時間，③調査用紙の回収率の3点を考慮する必要がある。たとえば，郵送調査法やインターネット調査法では，郵送代金や調査会社への委託料金がかかり，個別面接調査法や留置調査法は回答の回収に時間がかかり，留置調査法や郵送調査法は回収率が低くなる傾向がある。

　調査の方法としては特異な方法かもしれないが，自らは調査を実施せず，すでに調査されたデータを調査資料として利用する方法があり，二次分析と呼ぶ。現状では，二次分析による研究は活発ではないが，調査のコストを削減することや，再分析による新たな知見が得られるなど利点が多く，今後の研究手法としての発展が期待できる。

（3）横断調査と縦断調査

　ここまで調査用紙の配付方法について，対面と非対面での実施方法について

説明してきたが，調査用紙の配付方法には，調査の回数という側面からの理解
も必要である。

　通常，質問紙調査は一度だけで終わることが多いが，５年に一度実施される
国勢調査のように，同じ調査対象に何度も調査を実施する場合もある。一度だ
けで終わる調査を横断調査，同じ対象者に期間を空けて繰り返し実施する調査
を縦断調査と呼ぶ。

　横断調査では，調査対象者のある一時点の様子，たとえば男女差や年齢差等
を知ることができ，縦断調査では，調査対象者の変化や変動の様子を知ること
ができる。調査対象者の違いによって縦断調査は，トレンド調査，コホート調
査，パネル調査に分けることができる。いずれの調査も調査項目は毎回同じで
ある。トレンド調査とコホート調査は毎回の調査対象者が異なる。トレンド調
査の例は国勢調査であり，対象者の定義（国勢調査ならば日本に住むすべての人と
世帯）は変わらないが，対象者の中身は毎回変化する。コホート調査は，トレ
ンド調査よりも対象者の抽出に特徴があり，同じ属性（たとえば，同年齢・同世
代）を持つ集団（コホート）から選ばれるが，対象者の中身は毎回変化する。
パネル調査は，たとえば，ある施策の実施前後で同じ対象者に調査を実施し，
前後の結果を比較することで施策の効果を検証するような調査である。パネル
調査では，様々な理由で二度目の調査の回答が得られない場合がある。これを
パネルの摩耗（パネルの脱落，標本摩耗）と呼ぶ。

2　調査の対象

（1）母集団と標本

　2017年に日本財団学生ボランティアセンターが全国の学生１万人を対象とし
て，ボランティアに関する意識調査を実施している。この調査で選ばれた１万
人の学生はボランティアに参加した学生の一部であり，おそらくボランティア
に参加した学生数はさらに多いものと思われる。本来，日本の学生のボラン
ティア意識を知るためにはボランティアに参加した日本のすべての学生を調査
したいところである。しかし，時間と費用の問題もあり現実的には難しい。そ

こで日本のすべての学生から1万人を選び調査を実施している。

　この調査を例に考えると，母集団とは日本のすべての学生であり，標本とは母集団から選び出された（抽出された）1万人の学生ということになる。本章ですでに学習した全数調査と標本調査との関連で示すと，全数調査の対象は母集団となり，標本調査の対象は標本（サンプル）ということになる。

　本来は日本のすべての学生の様子，すなわち母集団の様子が知りたいが，母集団を調査することは現実的に難しいことから，母集団の代表する集団として標本（1万人の学生）を抽出し，標本の様子から母集団（日本のすべての学生）の様子を推測する手続きをとる。このような統計学上の手続きを推測統計と呼ぶ（図7-1）。詳しくは，第10章で学ぶ。

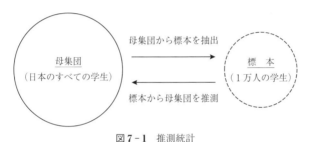

図7-1　推測統計

出所：筆者作成。

　母集団から抽出された標本は，抽出方法や抽出時期によって様々な標本が得られる。それぞれの標本は同じ母集団から抽出されていることから分析結果も同じになりそうであるが，実際には標本によって分析結果は若干異なる。これは標本ごとに生じる誤差であるため標本誤差と呼ぶ。なお，標本の誤差には，質問項目への誤解による回答や，データ入力ミスといったデータの取り扱い上の誤り等，主に人為的な問題から生じる誤差もある。このような誤差を非標本誤差と呼ぶ。

（2）標本抽出

　本章ですでに示したように，日本全国の高齢者をすべて調査対象とする全数調査は，時間と費用がかかるため，実際には日本全国の高齢者から，あるルー

ルに従って標本を抽出することが多い。

　母集団から標本を取り出すことを標本抽出という。標本を抽出する際に大切
な点は，母集団の様子を代表するような標本を選び出すことである。具体的に
は，男女別や年齢別の標本構成比率が母集団の構成比率に従う必要がある。

　母集団から標本を抽出する方法には確率抽出法と非確率抽出法がある。確率
抽出法とは無作為抽出法ともいい，調査者の主観が入らないように，確率的に
（言い換えると偶然にまかせて）母集団から標本を取り出す方法である。他方，非
確率抽出法とは有意抽出法ともいい，調査者の主観に基づいて母集団から標本
を取り出す方法である。

　確率抽出法は，母集団から抽出された標本から，統計学の理論を利用するこ
とによって母集団の様子を推測することが可能となる。しかし，標本抽出のた
めに母集団のリスト（サンプリング台帳という）が必要となり，特に大規模調査
を実施することは，費用や時間等のコストがかかる。他方，非確率抽出法は，
容易に実施できるため本調査に向けての予備調査に向いている。抽出された標
本から母集団の様子を推測することはできないが，多様な特徴を持つ標本によ
る追試を重ねることにより，母集団の様子を推測する可能性が指摘されている[1]。

　内閣府の「全国世論調査の現況　平成30年度版」の資料では，無作為抽出法
が69.6％，有意抽出法が8.6％であり，世論調査のような大規模調査では無作
為抽出法が利用されていることがわかる。一方，学術調査では有意抽出法を利
用することが多く，その理由としては，①学術調査ではある事象が起こる原因
や背景を明らかにするための調査が多く，世論調査のような実態把握的な調査
への関心が薄いこと，②サンプリング台帳を入手するのが困難であること，③
サンプリング（標本抽出）が手軽であることの３点が挙げられる[2]。

　確率抽出法に含まれる具体的な標本抽出の方法には，単純無作為抽出法，系
統抽出法，多段抽出法（二段抽出法），層化抽出法がある。他方，非確率抽出に
含まれる具体的な標本抽出の方法には，便宜的抽出法，応募法，スノーボー
ル・サンプリング法，縁故法，割り当て法がある。表７-１と表７-２に各種方
法の特徴を示した。

表7-1 確率抽出法の長所と短所

	サンプリングの方法	長 所	短 所
単純無作為抽出法	サンプリング台帳を準備し，乱数表（巻末資料を参照）やサイコロを用いて，台帳からサンプルを一つひとつ抽出する方法。	小さな母集団の場合に有効。精度や誤差の評価が容易。	サンプリング台帳が必要であり，サンプルの抽出作業は煩雑。
系統抽出法（等間隔抽出法）	第1番目のサンプルだけを乱数表で抽出し，第2番目以降は一定の抽出間隔でサンプルを選ぶ。	サンプルの抽出作業が手軽。	サンプリング台帳の並びに周期性や偏りがあると，サンプルも偏る可能性がある。
多段抽出法（二段抽出法）	母集団を地域（国勢調査区，投票区，市町村，都道府県など）によって第1次抽出単位，第2次抽出単位，……と分けておき，それぞれの抽出単位から段階的にサンプルを抽出。	大規模調査に向いている。最終の抽出単位のサンプリング台帳が用意されていればよい。	抽出段階が増えるごとに標本誤差が増して精度が低くなる。
層化抽出法	母集団を予備知識（性別，年齢別，職業別など）に基づいていくつかの均等なグループ（層）に分け，各層からランダムにサンプルを抽出。	母集団の構成により近いサンプルが得られるため，少ないサンプルでも精度が高くなる。層の間の比較に適しており，多段抽出法と組み合わせて全国調査や世論調査で使用される。	母集団に関する予備知識（性別，年齢別，職業別など）の情報が必要。

出所：辻新六・有馬昌宏（1987）『アンケート調査の方法——実践ノウハウとパソコン支援』朝倉書店および豊田秀樹（1998）『シリーズ〈調査の科学〉1 調査法講義』朝倉書店，鎌原雅彦・宮下一博・大野木裕明・中澤潤編著（1998）『心理学マニュアル 質問紙法』北大路書房，鈴木淳子（2011）『質問紙デザインの技法』ナカニシヤ出版を参考に筆者作成。

表7-2　非確率抽出法

便宜的抽出法 （偶然法）	街角を歩いている人，ある商店街に買い物に来ている人などのように，偶然その場に居合わせた人をサンプルとする。 時間や費用のコストは低いが，サンプルの代表性は期待できない。
応募法	本の愛読者カードや製品のモニター制度などのように，自発的に調査に応募してきた人々をサンプルとする。インターネット調査法は応募法の一種である。回答者は自発的・積極的に調査に参加していること，一般の人々と比較してテーマに対する知識が豊富でかつ興味を持っていることを結果の分析に考慮に入れる必要がある。
スノーボール・ サンプリング法 （雪だるま法）	希少標本を対象にした調査で用いられる。最初に選んだ数名の調査対象者からそれぞれ紹介してもらって次のサンプルを選ぶ。
縁故法 （機縁法）	友人，知人，会社の同僚など，調査に協力してくれそうな人々や組織をサンプルとする。
割り当て法 （クオータ法）	調査テーマとかかわりがあると思われるいくつかの基本的な属性を選び，母集団の構成比率と等しくなるように各属ごとにあらかじめサンプル数を割り当て，厳格な無作為抽出なしで割り当てた数だけサンプルを集める。マーケティング・リサーチでよく用いられる。

出所：表7-1と同じ。

注

(1)　南風原朝和（1995）「教育心理学研究と総計的研究」『教育心理学年報』34，122〜131頁。

(2)　鎌原雅彦・宮下一博・大野木裕明・中澤潤編著（1998）『心理学マニュアル　質問紙法』北大路書房，28〜29頁。

参考文献

鎌原雅彦・宮下一博・大野木裕明・中澤潤（1998）『心理学マニュアル　質問紙法』北大路書房。

鈴木淳子（2011）『質問紙デザインの技法』ナカニシヤ出版。

辻新六・有馬昌宏（1987）『アンケート調査の方法――実践ノウハウとパソコン支援』朝倉書店。

豊田秀樹（1998）『シリーズ〈調査の科学〉1　調査法講義』朝倉書店。

南風原朝和（1995）「教育心理学研究と統計的検定」『教育心理学年報』34，122〜131頁。

日本財団学生ボランティアセンター「全国学生1万人〜ボランティアに関する意識調査2017〜」（http://gakuvo.jp/about/newsrelease/　2020年10月10日閲覧）。

内閣府「全国世論調査の現況」（https://survey.gov-online.go.jp/genkyou/index.html
2020年11月21日閲覧）。

学習課題

① 厚生労働統計一覧（https://www.mhlw.go.jp/toukei/itiran/）を閲覧し，大規模
調査の実施方法について調べてみよう。

② あなたの通っている大学がある町やあなたが住んでいる町の福祉に関する調査に
ついて，市町村のホームページを検索して調べてみよう。

第8章

質問紙の作成方法と留意点

社会福祉調査では，人々の意識や態度，行動などについて質問紙を用いて調べる質問紙法が用いられることが多い。質問紙といっても，単に思いつくまま質問項目を考え，それらを羅列して作成すればよいわけではない。回答者が調査の目的や各質問の意図を正しく理解し，回答の仕方に戸惑うことなく，思ったままの答えができるように注意して質問紙を作成する必要がある。

本章では，質問紙の作成方法と留意点などについて学ぶ。

1 質問紙の作成方法

（1）質問紙の構成

通常，質問紙は表紙（「フェイスシート」とも呼ばれる）と質問項目に分かれる。表紙は，調査のタイトル，調査の目的や用途などの調査の趣旨，個人情報の取り扱いについての説明，協力依頼文，回答方法の説明，返送方法と返送期日，調査者の連絡先などで構成される（巻末資料を参照）。また，表紙にはデモグラフィックに関する質問項目を設けることがある。デモグラフィックとは，その人の年齢，性別，居住地域，職業，学歴，家族構成など，人口統計学的な属性の総称のことであり，デモグラフィック属性とも呼ばれる。

（2）質問項目の作成

質問項目を作成する際にはワーディングに気を付ける必要がある。ワーディングとは，質問文や選択肢における「言い回し」，すなわち単語選びや文章表

現のことである。調査者が求める情報を確実に取得するためには，調査者が尋ねようとする内容が回答者（調査対象者）に正しく伝わり，回答者が適切な方法で回答できるように，語句を選び文章を構成しなければならない。以下に質問項目を作成するうえで注意すべき点について説明する。

① わかりやすい平易な言葉を使用する

すべての調査対象者が理解できるように，わかりやすい平易な言葉を使用する。また，漢字に読み仮名を振るなどの工夫がなされることもある。特に子どもを調査対象とする場合，子どもの年齢と語彙力・文章理解力を考慮してワーディングを行う必要がある。

② 専門用語の使用を避ける

調査対象者がその意味を理解できないような専門用語の使用は避ける。たとえば，「あなたはプライマリ・ケア制度についてどう思いますか」という質問項目では，調査対象者が「プライマリ・ケア制度」の意味を理解できなければ回答ができない。また別の言葉と誤解して回答する可能性も考えられる。

③ 多義的な言葉の使用を避ける

1つの言葉でいくつかの解釈ができる言葉の使用は避ける。たとえば，「あなたは友だちがいますか」という質問項目について考えてみよう。ここでの「友だち」が，深い関係のいわゆる親友と呼ばれる友だちなのか，浅い関係の友だちなのか，人によってとらえ方は様々である。

④ 曖昧な表現を避ける

質問項目の内容が不明瞭であり，回答者にとって判断が曖昧になるような表現は避ける。たとえば，「あなたは普段よく運動をしますか」という質問項目では，「よく」の表現が，運動の頻度を意味しているのか，運動の強さを意味しているのか，あるいはその両方を意味しているのかが曖昧である。

⑤ 二重否定の表現を避ける

調査対象者が質問文の内容を理解するのに苦労するような二重否定の表現の使用を避ける。たとえば，「あなたは健康でないと感じることがありませんか」という質問項目では，「健康でない」と「ありません（か）」という2つの否定的な表現が使われており，回答者が混乱する可能性がある。

⑥　ダブルバーレル質問を避ける

ダブルバーレル質問とは，1つの質問項目で2つの内容を尋ねることである。たとえば，「食事の味や量はいかがでしたか」という質問項目について考えてみよう。この質問項目では「食事の味はどうだったか」と「食事の量はどうだったか」という2つの内容を尋ねている。これでは，回答者が味か量のどちらの内容に答えるのか迷ってしまったり，味には満足しているが量には満足していないようなときにどう回答してよいのか困ってしまったりする。この場合，「食事の味はいかがでしたか」と「食事の量はいかがでしたか」というように2つの質問項目に分けるべきである。

⑦　誘導的な質問を避ける

誘導的な質問には2種類がある。1つ目は社会的圧力である。たとえば，「日本の医療費の増大が問題となっていますが，あなたは消費税の引き上げについてどう思いますか」という質問項目では，「日本の医療費の増大が問題となっている」という文言によって，消費税を引き上げねばならないと思う傾向が強まるだろう。これは社会的圧力を持った質問と呼ばれる。「問題となっている」「重要である」といった文言は肯定的な回答へと誘導してしまうので避けたほうがよい。

2つ目はハロー効果である。ハロー効果とは，ある対象を評価する際に，それが持つ顕著な特徴に引きずられて他の特徴についての評価が歪められる現象のことである。光背効果，後光効果とも呼ばれる。たとえば，「専門家は，日本において介護人材が不足していることから外国人介護人材の活用を提案していますが，あなたは外国人介護人材についてどう思いますか」という質問項目について考えてみよう。先の社会的圧力の質問項目とも似ているが，この質問項目では「専門家は」の文言によって，専門家が言っているのだから正しいのだろうと思う傾向が強まる。つまり，専門家という影響力の強い人の意見に誘導され，評価が歪められるのである。このように，誘導的な質問は回答者の回答を歪めてしまうので避けるべきである。

⑧　キャリーオーバー効果

キャリーオーバー効果とは，前の質問項目の内容がその次の質問項目の回答

に影響を及ぼすことである。たとえば，Q1で「あなたは今，健康ですか」，次のQ2で『あなたは今，幸せですか」という質問項目を設けたとする。この場合，「今，健康である」と答える人は「今，幸せである」と答える傾向が強まると考えられる。一方，「今，健康でない」と答える人は「今，幸せでない」と答える傾向が強まると考えられる。キャリーオーバー効果を避けるために，質問項目の順序を考慮する必要がある。

⑨　パーソナル質問とインパーソナル質問

　パーソナル質問とは，回答者自身に関わる内容を尋ねる質問のことである。インパーソナル質問とは，社会の一員として客観的な意見を求める質問のことである。たとえば，「あなたは老後に備えて貯蓄をしていますか」と，回答者自身の意見や行動を尋ねるのがパーソナル質問である。一方，「あなたは老後に備えて貯蓄をすることについてどう思いますか」と，世間一般の意見や行動に対して，回答者の客観的な意見を尋ねるのがインパーソナル質問である。

（3）質問項目の回答法

　質問項目に対する回答方法は，選択肢が設けられその中から選択して回答する方法，数量を回答する方法，単語や文章で回答する方法に大別される。

①　2件法

　質問項目に対して，「はい」か「いいえ」，「あてはまる」と「あてはまらない」，「賛成」と「反対」など，2つの選択肢の中から1つを選択して回答する方法である。

②　単一回答法（シングル・アンサー）

　質問項目に対して，複数の選択肢の中から1つを選択して回答する方法である。

③　複数回答法（マルチプル・アンサー）

　質問項目に対して，複数の選択肢の中から複数個を選択して回答する方法である。

④　数量回答法

　質問項目に対して，数値で回答する方法である。たとえば，年齢に対して20

歳，身長は170cm，睡眠時間は7.5時間など，具体的に数値を回答する。

　⑤　リッカート法（評定尺度法）

　質問項目に対して，「よくあてはまる」「ややあてはまる」「どちらでもない」「あまりあてはまらない」「全くあてはまらない」のように数段階に分けた選択肢が設定され，選択肢の中から１つを選択して回答する方法である（図8-1）。選択肢が４段階ならば４件法，５段階ならば５件法というように，設定する段階数によって何々件法と呼ばれる。リッカート法という名称は，この方法を考案したアメリカの社会心理学者レンシス・リッカートに由来する。

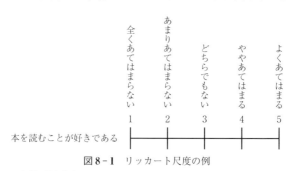

図8-1　リッカート尺度の例
出所：筆者作成。

　⑥　順位回答法

　質問項目に対して，選択肢に順位をつけて回答する方法である。すべての選択肢に順位をつける場合と，上位にあてはまる選択肢に順位をつける場合とがある。

　⑦　自由記述法（自由回答法）

　選択肢を設けずに，質問項目に対して単語や文章で回答する方法である。

（4）回答傾向を歪める要因

　①　中心化傾向

　リッカート法を用いた質問項目において，数段階に分けた選択肢のうち中央にある選択肢に回答が偏ることを中心化傾向という。５件法や７件法など選択肢が奇数個の場合，中央にある「どちらでもない」という選択肢に回答が偏る

傾向がある。また，4件法や8件法など選択肢が偶数個の場合，中央付近にある「ややあてはまる」「あまりあてはまらない」という選択肢に回答が偏る傾向がある。

②　黙従傾向

2件法を用いた質問項目において，「はい」「あてはまる」「賛成」など，肯定的な項目を回答しやすい傾向を黙従傾向という。特に，難しい質問やわかりにくい質問でみられることが多い。

③　社会的望ましさ

回答者が，質問項目に対して率直に回答するのではなく，他者から好意的にみられるような（社会的に望ましいと思われるような）回答をする傾向をいう。

④　調査時期

事件や事故がマス・メディアで大きく取り上げられたり災害が発生したときなど，社会的にインパクトの大きい事象が発生したときに，社会の意識がある方向に偏ったりすることがある。たとえば，高齢者による交通事故がマス・メディアで大きく取り上げられたときに，社会の意識は，高齢者が自動車を運転することに対して否定的な方向へと偏り，さらに高齢者の認知・身体的機能の低下に対して否定的な方向へと偏る可能性も考えられる。調査時期によっては，そのような事象の発生が回答に影響を及ぼすことを留意する必要がある。

（5）心理尺度の利用

社会調査では既存の心理尺度を利用することもある。生活満足度や幸福感，自己意識や自己概念，性格，欲求や動機づけ，価値観や社会的態度，社会的スキル，対人関係，感情や気分，抑うつや不安，ストレスなど多種多様な心理尺度が開発されている。その中には心理テストとして市販されているものもある。これらの心理尺度を使用する際には，当該尺度の開発に関連した文献を熟読し，使用許諾の必要性の有無を確認したうえで（使用許諾が必要な場合には許諾を得て），適切な方法を用いて調査を実施しなければならない。

2　測定と尺度

（1）測定とは

「測定」とは，決められた一定の基準を用いて，対象の持つ特性や事象に対して数値や符号を与えることである。決められた一定の基準とは「ものさし」のことであり，統計学では「尺度」と呼ばれる。たとえば，身長を測定することは，身長計という尺度を用いて，対象の身長に対して数値を与えることである。

　質問紙調査では，様々な尺度を用いて対象の持つ特性や事象を測定する。測定された値は「測定値」（「実測値」「観測値」，あるいは単に「データ」）と呼ばれる。測定値はそれぞれの調査対象者によって様々に変化する「変数」である。変数には，質的な変化を表す質的変数と，量的な変化を表す量的変数がある。

（2）尺度水準

　スティーブンスは，尺度を名義尺度，順序尺度，間隔尺度，比率尺度の4つ[1]に分類した（表8-1）。質的変数を測定する尺度には名義尺度と順序尺度があり，量的変数を測定する尺度には間隔尺度と順序尺度がある。以下，それぞれの尺度について説明する。

　①　名義尺度

　名義尺度は，カテゴリーの違い（質的な変化）に対して数値を与える尺度である。たとえば，居住形態について，「家族と同居」に「1」，「ひとり暮らし」に「2」，その他に「3」を割り当てたり，血液型について，「A型」に「1」，「B型」に「2」，「O型」に「3」，「AB型」に「4」，「不明」に「5」を割り当てたりするような場合に用いられる。

　②　順序尺度

　順序尺度は，程度の違い（質的な変化）に対して数値を与える尺度である。たとえば，「あなたはスタッフの対応に満足していますか」という質問項目に対し，「まったく満足していない」に「1」，「あまり満足していない」に「2」，

表 8-1　尺度の特徴と具体例

対応する変数	尺度水準	特　徴	具体例
質的変数	名義尺度	カテゴリー，種類の違いを測定する。	性別，血液型，職業，居住形態など
	順序尺度	程度の違いを測定し，順序関係で表す。順序間の間隔は意味をもたない。	順位，階級，意識，態度，嗜好など
量的変数	間隔尺度	量の違いを測定する。 2 値間の間隔は等間隔である。絶対的な原点 0 をもたない（0 という値はそれが存在しないことを意味するものではない）。	気温，日付，各種心理尺度の得点など
	比率尺度	量の違いを測定する。 2 値間の間隔は等間隔である。絶対的な原点 0 をもつ（0 という値はそれが存在しないことを意味する）。	長さ，重さ，時間など物理的な量

出所：筆者作成。

「やや満足している」に「3」，「とても満足している」に「4」を割り当てるような場合に用いられる。この場合，「まったく満足していない」よりも「あまり満足していない」のほうが満足度は高く，「あまり満足していない」よりも「やや満足している」のほうが満足度は高く，「やや満足している」よりも「とても満足している」のほうが満足度は高いという大小関係や順序関係を表している。また，「まったく満足していない」の「1」や「あまり満足していない」の「2」などの数値は，量的な変化を表したものではなく，質的な変化を表したものである。よって，順序尺度によって測定される変数は質的変数である。

③　間隔尺度

間隔尺度は，量の違い（量的な変化）に対して数値を与える尺度である。測定された数値は量的な変化を表しており，数値間の間隔が等間隔となる。気温，日付，各種心理尺度の得点などが間隔尺度に該当する。たとえば気温の場合，10℃ と 20℃ の間の差と，20℃ と 30℃ との間の差と，90℃ と 100℃ の間の差はすべて等間隔である。

④　比率尺度（比例尺度，比尺度）

　比率尺度は，量の違い（量的な変化）に対して数値を与える尺度である。測定された値は量的な変化を表しており，数値間の間隔が等間隔となることに加え，絶対的な原点 0 をもつ。重さ，長さ，時間など物理的な量を測定する尺度はすべて比率尺度に該当する。

　数値間の間隔が等間隔であり絶対的な原点 0 をもつとはどういうことであろうか。たとえば重さの場合，10 g と 20 g の間の差と，20 g と 30 g の間の差と，90 g と 100 g の間の差はすべて等間隔であり，また 0 g は重さが存在しないことを意味する。一方，間隔尺度は絶対的な原点 0 をもたない。たとえば気温の場合，0℃は気温が存在しないことを意味してはいない（0℃という気温は存在する）。

3　尺度の信頼性と妥当性

　質問紙の中で心理尺度を用いる場合，尺度の信頼性と妥当性が確保されていることを確認する必要がある。

（1）信頼性

　信頼性の高い尺度とは，同じ尺度を用いて同じ調査対象者に繰り返し調査を行ったときに，同じ結果が安定して得られる尺度である。また，似たような尺度を用いて同じ調査対象者に調査を行ったときに，同じような結果が得られる場合も信頼性が高いといえる。信頼性を検証する方法として，「再検査法」「平行検査法」「折半法」がある。また，「クロンバックの α 係数」を算出する方法もある。

①　再検査法

　再検査法とは，同じ尺度を用いて同じ調査対象者に一定期間をあけて 2 回調査を行い，2 時点の測定値間の関連性（相関係数など）を調べる方法である。関連性が高ければ，同じ結果が安定して得られているということであり，信頼性が高いとみなされる。

②　平行検査法

再検査法では，同じ尺度を用いて2回調査を行うが，1回目との期間が短すぎると，1回目の記憶が2回目の回答に影響する可能性があり，1回目との期間が長すぎると，調査対象者の意識の変化が2回目の回答に影響する可能性がある。そのため，いずれの期間においても，尺度の信頼性を検討することが難しい欠点がある。そこで平行検査法では，似たような尺度を2種類用意し，同じ調査対象者に一度に2種類（つまり2回）の調査を行い，2種類の測定値間の関連性（相関係数など）を調べる。関連性が高ければ，同じような結果が得られているということであり，信頼性が高いとみなされる。しかし，似たような尺度を2種類用意するといっても，それらの等質性を確保することは困難である。そもそも等質かどうかの判断は調査者の主観に依存しており，客観的な基準はない。ここが平行検査法の欠点である。

③　折半法

再検査法も平行検査法も同じ調査対象者に2回調査を行う必要がある。そのため，調査対象者の負担感や調査者が2種類の尺度を用意することの困難さが問題となる。この問題を解決する方法の1つに折半法がある。折半法は，1回の調査で信頼性を検証しようとする方法である。

折半法では，調査を行った後，尺度を構成する質問項目を2分割して（2群に分けて），2群の測定値間の関連性（相関係数など）を調べる。通常，奇数番号の質問項目と偶数番号の質問項目で2分割する（奇偶法）。しかし，このような分け方で2群間の質問項目の等質性は確保できるのかという問題が残る。ここが折半法の欠点である。

④　内的整合性（内的一貫性）

内的整合性とは，尺度を構成する各質問項目が同じ概念を測定しているといえるかどうかを表す指標のことであり，クロンバックのα係数を用いて評価がなされることが多い。通常，α係数が0.8以上であれば内的整合性は高いと評価されるが，0.7以上でも許容域とされている。内的整合性が高ければ尺度の信頼性が高いととらえられる。

（2）妥当性

　妥当性とは，その尺度が測定しようとしている概念を的確に測定できているかということである。妥当性を評価する指標として以下の3つが挙げられる。

　①　内容的妥当性

　内容的妥当性とは，調査者が調べようとする内容が，その尺度ですべて網羅できているかを評価する指標である。調べようとする内容に関連した質問項目が含まれていることだけでなく，調べたい内容とは関連のない質問項目が含まれていないことも内容的妥当性が高いことの要件となる。

　②　基準関連妥当性

　基準関連妥当性とは，作成した尺度について，信頼性と妥当性が高いことが確認されている既存の尺度（外的基準）との関連性を評価する指標である。基準関連妥当性は，同一時点における外的基準との関連をみる併存的妥当性と，一定時間経過後における外的基準との関連性をみる予測的妥当性に分けられる。

　たとえば，認知症の自覚症状を測る尺度を作成する場合を考えてみよう。作成した尺度と信頼性と妥当性が高いことが確認されている既存の認知機能検査の両方を使って同時に測定を行い，作成した尺度の測定値と認知機能検査の測定値との相関を調べる。その結果高い相関が得られれば，作成した尺度の併存的妥当性は高いと評価される。あるいは，作成した尺度によって認知症の自覚症状が高いと判定された人が，一定時間経過後に認知機能検査を受けて認知機能が低いことが判明したとする。この場合，作成した尺度の予測的妥当性は高いと評価される。

　③　構成概念妥当性

　構成概念妥当性とは，作成した尺度によって得られた結果が，構成概念から予測される結果と整合しているかを評価する指標である。構成概念とは，人の意識や行動のメカニズムを説明するために人為的に作り出された概念のことである。構成概念自体は目に見えないが，測定を通じてその存在や働きを観測することは可能である。

　たとえば，社会貢献意識尺度を作成する場合を考えてみよう。心理理論や経験に基づくと，社会貢献意識の高い人は，思いやり尺度の得点も高いと予測さ

れる。そこで，作成した社会貢献意識尺度と思いやり尺度の両方を使って調査を行い，社会貢献意識尺度による測定値と思いやり尺度による測定値との相関を調べる。その結果相関が高ければ構成概念妥当性は高いと評価される。

注

(1)　Stevens, S. S. (1946) On the Theory of Scales of Measurement, *Science*, 103(2684), pp. 677-680.

参考文献

今井秀孝（2007）『トコトンやさしい計量の本（B＆T ブックス──今日からモノ知りシリーズ）』日刊工業新聞。

加藤司（2008）『心理学の研究法　実験法・測定法・統計法　改訂版』北樹出版。

潮谷有二・杉澤秀博・武田丈編（2010）『社会調査の基礎』ミネルヴァ書房。

社会福祉士養成講座編集委員会編（2013）『新・社会福祉士養成講座5　社会調査の基礎（第3版）』中央法規出版。

鈴木公啓（2018）『やさしく学べる心理統計法入門──こころのデータ理解への扉』ナカニシヤ出版。

中道實（1997）『社会調査方法論』恒星社厚生閣。

星野貞一郎・金子勇編（2002）『社会福祉調査論』中央法規出版。

宮本和彦・梶原隆之・山村豊編（2019）『社会調査の基礎（第4版）』弘文堂。

学習課題

①　名義尺度・順序尺度・間隔尺度・比率尺度の各尺度に該当する変数をそれぞれ3つ以上考えてみよう。

②　新たに「大学生用幸福感尺度」を作りたい。どのような質問項目を作成すればよいでしょうか。質問項目の作成や回答法の注意点をふまえて，質問項目を5つ考えてみよう（回答方法も考えてみよう）。

~~~~ コラム　クロンバックの α 係数 ~~~~

　尺度の信頼性を検証する際に，尺度を構成する質問項目を 2 分割して（2 群に分けて），2 群の測定値間の関連性（相関係数など）を調べるのが折半法である。折半法の欠点として，2 群間の質問項目の等質性は確保できるのかという点が挙げられる。それに加えて，2 分割の仕方によって関連性の度合いが変わってしまうという欠点もある。

　これらの欠点を解決する手法がクロンバックの α 係数である。α 係数は，すべての 2 分割の組み合わせについて相関係数を算出し，それらを平均した値である。以下の式を用いて算出される。

$$\alpha = \frac{項目数}{項目数-1} \times \left(1 - \frac{各項目の分散の合計}{合計点の分散}\right)$$

　このクロンバックの α 係数は，内的整合性（内的一貫性），すなわち尺度を構成する各質問項目が同じ概念を測定しているといえるかどうかを表す指標となる。

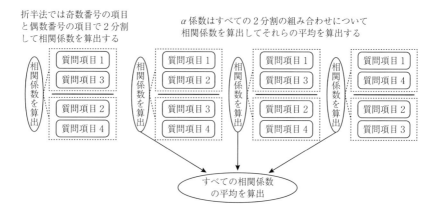

折半法では奇数番号の項目と偶数番号の項目で 2 分割して相関係数を算出する

α 係数はすべての 2 分割の組み合わせについて相関係数を算出してそれらの平均を算出する

第 ⑨ 章

質問紙の配布と回収

　質問紙の配布・回収方法には面接調査法，留置調査法，郵送調査法など様々なものがある。質問紙調査を実施する際には，調査の目的，調査対象者，収集したいデータの内容に応じて適切な配布・回収方法を選択しなければならない。また，収集できるデータの内容は配布・回収方法によって影響を受ける可能性もあるため，質問紙作成段階から配布・回収方法のことを考慮する必要がある。

　本章では，様々な配布・回収方法について，それぞれの特徴と長所・短所などについて学ぶ。

1　配布・回収方法の種類

　以下に，それぞれの配布・回収方法を解説する。

　なお，質問紙への回答方法は，調査対象者自身が回答内容を記入する自記式（自計式）と，調査者が調査対象者から回答内容を聞き取って記入する他記式（他計式）に分けられる。

　①　個別面接調査法

　個別面接調査法では，調査者が調査対象者のもとを訪問し，個別に面接しながら，質問項目を一つひとつ読み上げて，調査対象者の回答を聞き取って記入していく。他記式の方法である。

長所	・調査者が回答を記入するため，誤記入や記入漏れが少ない。
	・回収率が高い。
	・調査対象者の回答に対して，さらに深く質問することができる。

短所	・調査対象者のプライベートに関わる質問項目に対しては，回答拒否や虚偽回答となる可能性がある。
	・調査者の態度や調査技術等が回収率や回答内容に影響する。
	・調査員の人件費や交通費等が必要であり，コストが高い。

②　留置調査法（配票調査法）

　留置調査法では，調査者が質問紙を調査対象者に配布し，調査対象者自身が回答内容を記入し，後日調査者がそれを回収する。自記式の方法である。「留置」とは，調査者が回収に来るまで質問紙を調査対象者のもとに留め置くことに由来する。調査員が調査対象者のもとを訪問し質問紙を配布する配布訪問型留置法と郵送で質問紙を配布する郵送配布留置法がある。

長所	・回収率が高い。
	・調査対象者が自分の都合に合わせて回答できる。
短所	・調査対象者自身が回答を記入するため，誤記入や記入漏れが生じやすい。
	・個別面接調査法ほどではないが，多くの調査員と時間を必要とし，比較的コストが高い。

③　郵送調査法

　郵送調査法では，調査者が質問紙を調査対象者に郵送し，調査対象者が回答を記入して後日それを調査者に返送する。自記式の方法である。

長所	・広範囲にわたる調査対象者に調査ができる。
	・調査対象者が自分の都合に合わせて回答できる。
	・コストが安い。
短所	・回収率が低い。
	・調査対象者自身が回答を記入するため，誤記入や記入漏れが生じやすい。
	・調査対象者以外が回答する可能性がある。

④　電話調査法

　電話調査法では，調査者が調査対象者に電話をかけて，調査者が質問項目を一つひとつ読み上げて，調査対象者の回答を聞き取って記入していく。他記式

の方法である。

長所	・短期間に広範囲にわたる調査対象者に調査ができる。
	・コストが安い。
短所	・回収率が低い。
	・調査者の態度や調査技術等が回収率や回答内容に影響する。
	・選択肢の多い調査を実施することは難しい。

⑤　集合調査法

　集合調査法では，調査対象者を特定の場所に集め，その場で質問紙を配布し，調査対象者が回答を記入し，回収される。自記式の方法である。

長所	・短時間で効率的に配布・回収することができる。
	・回収率が高い。
	・コストが安い。
短所	・調査対象者自身が回答を記入するため，誤記入や記入漏れが生じやすい。
	・会場の集団の雰囲気が回答内容に影響する。
	・周囲の目が気になり，肯定的な回答が多くなる。
	・組織に所属する集団への調査に限定されやすい。

⑥　託送調査法

　託送調査法では，調査対象者が属する組織や集団を通じて質問紙を配布し，回収してもらう。自記式の方法である。

長所	・回収率が高い。
	・コストが安い。
短所	・調査対象者自身が回答を記入するため，誤記入や記入漏れが生じやすい。
	・調査対象者以外が回答する可能性がある。
	・調査協力者側からの要望により，質問内容に制約がかかる場合がある。

表 9-1　質問紙の配布・回収方法による比較

比較基準		面接	留置	郵送	電話	集合	託送	インターネット
回答内容の信頼性	調査員による影響が少ない	×	△	○	×	△	○	○
	回答者の疑問に対する説明ができる	○	△	×	○	○	×	×
	回答者が本人か確認できる	○	△	×	○	○	×	×
	調査員以外の人の回答への影響が低い	○	×	△	△	×	×	×
	プライバシーが保護される	×	△	○	×	○	△	○
質問内容の制約	複雑な内容の質問ができる	○	×	×	△	△	△	×
	質問の量が多くてもよい	○	△	△	×	△	△	×
	回答内容がチェックできる	○	△	×	○	×	△	○
質問紙の回収率	調査現地の協力体制は不必要	△	△	○	△	×	×	○
	調査票の回収率が高い	○	○	×	△	○	×	—
コスト	調査費用が安い	×	×	○	×	○	○	○
	調査に要する日数がかからない	○	×	×	○	○	×	○

注：比較基準については，井上文夫・井上和子・小野能文・西垣悦代 (1995)『よりよい社会調査をめざして』創元社，47頁に基づき，新睦人 (2005)『社会調査の基礎理論——仮説づくりの詳細なガイドライン』川島書店，126頁も参考にしながら作成した。○は優位，△はどちらともいえない，×は劣位を表している。—については，母集団がはっきりしないため，回収率については判断できないという意味で使用した。
出所：潮谷有二・杉澤秀博・武田丈編 (2010)『社会調査の基礎』ミネルヴァ書房，85頁。

⑦　インターネット調査法（インターネットリサーチ，Web 調査，オンラインサーベイ）

インターネット調査法では，調査者が Web ページ上に質問項目（フォーム）を設定し，調査対象者はパソコンやスマートフォンでその Web ページにアクセスして回答内容を入力する。自記式の方法である。

長所	・短期間に広範囲にわたる調査対象者に調査ができる。
	・回答データを電子データとして入手できる。
	・コストが安い。
短所	・調査対象者がインターネットを利用してフォームにアクセスできる人に限定される。
	・調査対象者以外が回答する可能性がある。

⑧　その他

その他，E-mail や FAX などを用いた調査方法もある。これらは郵送調査

法と類似した方法であり，調査者と調査対象者とのやりとりに使用される手段が異なるだけである。

　以上，取り上げた配布・回収方法の特徴をまとめたものが表9-1である。

2　回収後の作業

　最近ではコンピュータの表計算ソフトや統計ソフトを利用してデータの統計分析を行うことが多い。そのため，質問紙を回収した後，使用するソフトに合わせてデータを整理する作業が必要となる。

　①　ナンバリング

　ナンバリングとは，質問紙に管理番号（通し番号）を付ける作業である。データ入力時には，各調査対象者の管理番号とデータを入力していく。管理番号は後のデータ入力時やクリーニング作業時に役立つ。

　②　エディティング

　エディティングとは，回収した質問紙の回答に間違いや無回答がないかを点検し，間違いがある場合に修正する作業である。ここでの修正は，一定の基準に即して行われるべきものであり，調査者が勝手に回答を加工したり捏造したりしてはならない。また，有効回答と無効回答の判断も一定の基準に即して行う必要がある。回答の間違いの中には，調査対象者が質問の意図を誤解したことで生じたと思われるものもある。そのような場合，無効回答として扱うのが一般的である。

　③　コーディング

　コーディングとは，コンピュータでデータを入力しやすいように，各質問項目の選択肢に対してコードを割り当てる作業である。通常，コードには数値を使用する。たとえば，居住形態を尋ねる質問項目の回答に対し，「家族と同居」に「1」，「ひとり暮らし」に「2」，「その他」に「3」といったようにコードを割り当てる。

　コーディングの方法には，「プリコーディング」と「アフターコーディング」の2種類がある。プリコーディングとは，あらかじめ質問紙の作成段階で選択

肢にコードを割り当てておく方法である。たとえば,「1. 家族と同居」,「2. ひとり暮らし」,「3. その他」のようにコードと選択肢を併記しておく。一方, アフターコーディングとは,質問紙の作成段階では選択肢にコードを割り当てず,質問紙を回収した後で選択肢にコードを割り当てる方法である。自由記述法を用いた質問項目や事前にコードを割り当てておくことが難しい質問項目の場合に用いられる。

　コーディングの際に気を付けねばならないのが欠損値のコード化である。無回答や無効回答などによって得られなかったデータは欠損値と呼ばれる。欠損値の扱いについてはコラムで説明する。

　④　クリーニング

　クリーニングとは,コンピュータの表計算ソフト等に入力されたデータにミスがないかをどうかを確認する作業である。入力ミスを発見した場合,管理番号を手掛かりに質問紙を確認し,質問紙の回答と入力したデータとの整合性を確認し,入力したデータが間違っていれば修正する。

参考文献

潮谷有二・杉澤秀博・武田丈編（2010）『社会調査の基礎』ミネルヴァ書房。

社会福祉士養成講座編集委員会編（2013）『新・社会福祉士養成講座5　社会調査の基礎（第3版）』中央法規出版。

鈴木公啓（2018）『やさしく学べる心理統計法入門——こころのデータ理解への扉』ナカニシヤ出版。

中道實（1997）『社会調査方法論』恒星社厚生閣。

星野貞一郎・金子勇編（2002）『社会福祉調査論』中央法規出版。

美濃哲郎（2005）『これならわかる統計学』ムイスリ出版。

宮本和彦・梶原隆之・山村豊編（2019）『社会調査の基礎（第4版）』弘文堂。

学習課題

実際に調査を実施することを想定して考えてみよう。

① 　調査してみたいテーマを決める。

② 　調査対象者を決める。

③ 　どのような内容を質問するか，大まかでよいので箇条書きで書き出す。

④ 　質問紙の配布・回収方法を決める。

⑤ 　その配布・回収方法を用いた場合にどのような問題・課題があるか考えてみよう。

　さらに，回収率がどの程度になるか予測してみよう。

コラム　欠損値の扱い

　無回答や無効回答などによって得られなかったデータは欠損値と呼ばれる。無回答とは，記入漏れや回答拒否などによって回答が得られないことをいう。無効回答は，回答の間違いなどによって有効な回答が得られないことをいう。つまり，そもそも回答が記入されていないのが無回答，回答が記入されてはいるが調査者の意図した方法で回答していなかったり（単一回答法なのに複数の選択肢を選ぶなど），適当に回答をしていたりする（すべて「どちらでもない」と回答するなど）のが無効回答である。コーディング時に無回答と無効回答で同一のコードを割り当てるか，別々のコードを割り当てるかは分析の方針次第である。無回答と無効回答を分けて集計したければ，別々のコードを割り当てる必要がある。

　それでは，表計算ソフトや統計ソフトにデータを入力するにあたり，欠損値をどのように入力すればよいのだろうか。

　まず，欠損値に「0」を入力することは絶対にやってはいけない。表計算ソフトや統計ソフトでは「0」という数量を計算に含めてしまうので，誤った分析結果を出すことになる。

　また，欠損値には他のデータと見分けが付くように「9」や「999」などのコードを割り当てるのがよいと説明している書物もある。しかし，表計算ソフトを使用して分析を行う場合はこの方法は避けたほうがよい。表計算ソフトには「9」や「999」を欠損値として定義するような機能は備わっていない。よって，「9」や「999」という数量を計算に含めてしまうので，誤った分析結果を出すことになる。表計算ソフトにデータを入力する際には，欠損値は空欄としておくのがよい。

　一方，統計ソフトを使用して分析を行う場合はこの欠損値に「9」や「999」のコードを割り当てる方法でも構わない。ただし，必ず統計ソフトで「9」や「999」が欠損値であることを定義しておかなければならない。この作業を怠ると「9」や「999」という数量を計算に含めてしまうので，誤った分析結果を出すことになる。

第10章

量的調査の集計と分析

　調査によって得られたデータを分析することによって，調査目的に対する回答を得ることが可能となる。また，データ分析の結果は，現状や実態の把握や，行政施策策定のための客観的な根拠資料になる。そのため，データ分析の方法を理解しておくことは，みなさんが今後，調査資料を活用するうえで大きな力となる。本章では，調査データの分析方法やその過程について学ぶ。

1　データ分析までの流れ

（1）データ収集後のデータ分析までの流れ

　調査によって収集されたデータは，大きく4つのステップを経て分析に進む（図10-1）。第1のステップは，収集されたデータのチェックである。データ分析に利用できるデータと利用できないデータを弁別する。第2のステップは，データの入力である。データを表計算ソフト等に入力するが，入力前にデータのコード化（コーディング）を行う必要がある。第3のステップは，データの集計と視覚化である。データ数を調べたり平均値を求め，グラフや表にまとめて収集されたデータの大まかな様子を知る段階である。第4のステップは，データ分析である。統計学の知識を利用して変数間の関係を調べる。

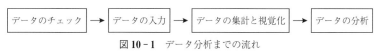

図10-1　データ分析までの流れ

出所：筆者作成。

（2）データのコーディングからデータの入力

　調査によって収集されたデータは，記入漏れや記入ミスがないかを確認する。また，記入漏れや記入ミスに一貫した傾向がないかなど，除いたデータを見直しておくと以後の調査のための改善点として有益な情報となる。記入漏れや記入ミスがあるデータの取り扱いはケースバイケースである。最もよいのはデータの入力から除き，データ分析の対象外としておくことであるが，記入漏れや記入ミスの項目を欠損値（84頁のコラム参照）としてデータ入力し分析に使用する場合もある。

　次にデータの入力に移る。図10-2に「施設利用者様の情報記入用紙」（仮想調査）を準備した。この調査に10人の利用者が回答した結果を表10-1に示した（仮想データ）。次に表10-2のコード対応表に従い，表10-1の結果を表10-3のように入力した。データは通常 Microsoft Excel などの表計算ソフトを利用して入力することが多い。表10-3のように，1行目には尋ねた質問項目（性別，年齢，要介護度，施設利用回数，利用希望）を入力し，1列目（Excel ではA列）には通し番号（整理番号）を入力する。表10-3を見ると入力されているデータはすべて数値になっている。たとえば，性別を尋ねる項目に「男性」と「女性」の選択肢があるが，この時，「男性」「女性」と単語では入力せず，

施設利用者様の情報記入用紙

整理番号　　　　　　　　　（　　　　　　　　　　　　　）番

利用者の性別　　　　　　　　　男性　　　　　　女性

利用者の年齢　　　　　　　　（　　　　）　歳

利用者の要介護度　　　　　　　要支援1　　　　要支援2　　　　要介護1

利用者の施設利用回数　　　　（　　　　）　回

施設利用希望　　　　　　　　　食事　　　　　入浴　　レクリエーション

図 **10-2**　施設利用調査の調査用紙（仮想調査）

出所：筆者作成。

表 10 - 1　施設利用調査の調査データ（仮想データ）

整理番号	性別	年齢	要介護度	施設利用回数	利用希望		
					食事	入浴	レクリエーション
1	男性	75	要支援2	4	○		○
2	男性	70	要支援1	5	○		○
3	女性	82	要介護1	8	○	○	○
4	女性	77	要支援2	2			○
5	女性	70	要支援1	2			○
6	男性	90	要介護1	6	○	○	○
7	男性	75	要支援1	7	○		○
8	女性	88	要支援2	1			○
9	男性	88	要支援2	6	○		○
10	女性	75	要介護1	9	○	○	○

出所：筆者作成。

表 10 - 2　施設利用調査のコード対応表

コード対応	1：男性 2：女性	数値を入力	1：要支援1 2：要支援2 3：要介護1	数値を入力	○：1 空欄：0	○：1 空欄：0	○：1 空欄：0

出所：筆者作成。

表 10 - 3　コード化した後の施設利用調査の調査データ（仮想データ）

整理番号	性別	年齢	要介護度	施設利用回数	食事	入浴	レクリエーション
1	1	75	2	4	1	0	1
2	1	70	1	5	1	0	1
3	2	82	3	8	1	1	1
4	2	77	2	2	0	0	1
5	2	70	1	2	0	0	1
6	1	90	3	6	1	1	1
7	1	75	1	7	1	0	1
8	2	88	2	1	0	0	1
9	1	88	2	6	1	0	1
10	2	75	3	9	1	1	1

出所：筆者作成。

「男性」は1，「女性」は2と数値に置き換えて入力する。このようにデータ入力の際，質問項目の選択肢を数値に置き換える手続きをコード化（コーディング）と呼ぶ。なお，「利用希望」の質問のような複数回答が可能な項目については，選択肢の数だけ入力スペースを準備し，選択されている場合は1，選択されていない場合は0を入力する。

2　データの集計——単純集計

　データの入力を終えたら，データの集計と視覚化に移る。次節で学習する統計分析の前に必ずデータの集計と視覚化を行い，収集されたデータの概要を観察することが大切である。データの集計と視覚化の結果をみると，おおよその結果が予想できるためである。

　データの集計には度数分布やクロス集計等の単純集計と，平均値や標準偏差等の記述統計がある。

（1）度数と度数分布

　単純集計とは，質問項目の各選択肢の人数を調べることにより，収集されたデータの概要を知ることである。度数とは「人数」や「個数」を意味し，度数分布とは各選択肢の人数や個数を求め，選択肢に対して人数や個数を対応させることを指す。度数分布は表にまとめ度数分布表として示すことが多い。たとえば，表10-4のように，性別の質問項目に対して，男性の選択肢は5人，女性の選択肢は5人，要介護度の質問項目に対して，要支援1は3人，要支援2は4人，要介護1は3人となる。ただし，施設利用回数の度数分布表をみるとわかるとおり，選択肢の数が多い場合や，全体の度数が少ない場合は，度数分布を求めてもデータの概要を知ることにはならないこともある。

（2）クロス表

　クロス表とは分割表とも呼ばれる。度数分布では1つの質問項目についての概要を知ることができたが，クロス表では2つの質問項目の情報を組み合わせ

表 10-4　施設利用調査による度数分布表例

性別	人数
男性	5
女性	5

要介護度	人数
要支援 1	3
要支援 2	4
要介護 1	3

施設利用回数	人数
1 回	1
2 回	2
3 回	0
4 回	1
5 回	1
6 回	2
7 回	1
8 回	1
9 回	1

出所：筆者作成。

ることによって，新たな情報をデータから得ることができる。表 10-5 のように，縦軸に性別，横軸に要介護度に関する選択肢を並べ（縦軸と横軸を逆にしても構わない），それぞれの選択肢が交差したセル（箱）の人数を求める。たとえば，男性で要支援 1 の利用者は 2 人となる。クロス表にまとめることによって，表 10-5 のように，男性と女性はそれぞれ 5 人であるが，男性と比較してみると女性がより支援の必要な利用者が多いことを知ることができる。

表 10-5　性別と要介護度のクロス表（単位：人）

	要支援 1	要支援 2	要介護 1
男性	2	2	1
女性	1	2	2

3　データの集計——記述統計

　記述統計とは，収集されたデータを 1 つの数値に置き換え，データの概要を知る方法である。記述統計には，平均値や中央値等の代表値と，標準偏差や四分位偏差等の散布度がある。以下は，すべて表 10-1 の施設利用回数の質問項目を例に挙げて計算している。

（1）代表値

　代表値とは1つの数値によってデータの分布の中心的な位置を表す値である。

　代表値の中で最もよく知られているのは平均値（算術平均，相加平均）である。間隔尺度と比率尺度のデータに利用が可能である。

平均値はデータの総和を求め，データ数で割ることで求めることができる。
(4＋5＋8＋2＋2＋6＋7＋1＋6＋9)÷10＝50÷10＝5

　中央値とは，データを昇順あるいは降順に並べ替えたとき，ちょうど真ん中となる数値である。順序尺度，間隔尺度，比率尺度のデータに利用が可能である。正規分布と呼ばれる左右対称のきれいな山形の分布の場合は，中央値と平均値は同じ値となる。しかし，図10-3のように，データの分布が左右どちらか一方に偏っている場合や外れ値（極端に大きな値，あるいは小さな値）がある場合，平均値は偏りのある方向や外れ値のある方向に影響を受けて真の（本当の）平均値からはかけ離れた値となる。このような場合は平均値よりも中央値の方が代表値として有効である。データ数が奇数の場合は真ん中の数は1つに定まるが，データ数が偶数の場合は，データを半分にし，前半の最後の値と後半の最初の値の平均値を求める。

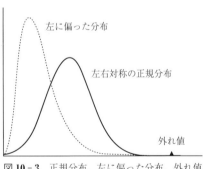

図10-3　正規分布，左に偏った分布，外れ値
　　　　のイメージ図
出所：筆者作成。

> データを昇順（利用回数が少ない数から順番に大きくなるように）に並べ替えると，
> 1，2，2，4，5，6，6，7，8，9となる。
> データ数は偶数なので，5番目の5と，6番目の6を平均し，中央値は5.5となる。

　最頻値とは，選択肢の中で最も度数の多い数値であり，モードとも呼ばれる。4つの尺度水準のいずれにも適応可能であるが，名義尺度の場合は最頻値のみが代表値となる。表10‐1の要介護度の質問項目では，要支援2の4人が最頻値となる。

（2）散布度

　散布度とは，データの分布のちらばりの様子を表す数値である。散布度の中で利用頻度が多いのは標準偏差である。平均値と同様に，間隔尺度と比率尺度のデータに利用が可能である。標準偏差を求めるためには，平均値からの偏差と分散を求める必要がある。平均値からの偏差とは，各データの値から平均値を引いた値である。

> 整理番号1番から順に，各データから平均値を引くと，
> $4-5$，$5-5$，$8-5$，$2-5$，$2-5$，$6-5$，$7-5$，$1-5$，$6-5$，$9-5$となる。
> 平均値からの偏差は順番に，-1，0，$+3$，-3，-3，$+1$，$+2$，-4，$+1$，$+4$
> となる。

　平均値からの偏差もデータのばらつきを表しているので，これらの値の平均値を求めると散布度として利用できそうであるが，実際に加算をすると0になり散布度としては利用できない。そこで，平均値からの偏差の値をすべて2乗して，その平均値を求めることにした。こうして求められる数値を分散と呼ぶ。

> 平均値からの偏差の値を全て2乗して加算する。
> $(-1)^2+0^2+(+3)^2+(-3)^2+(-3)^2+(+1)^2+(+2)^2+(-4)^2+(+1)^2+(+4)^2$
> $=1+0+9+9+9+1+4+16+1+16=66$ となる。

66 をデータ数 10 で割り，分散は 6.6 となる。

分散はデータの算出の際に 2 乗しているため，平均値とは単位が異なっている。平均値からの偏差の単位は「回数」であるが，分散は 2 乗しているので単位が（回数）×（回数）＝（回数）^{2} となる。そこで単位をもとに戻すために分散の平方根（ルート：$\sqrt{\ }$）を求め，その正の値を標準偏差とした。

分散の 6.6 の平方根を求めると標準偏差は 2.569 となる。

四分位偏差とは，中央値と同様に，順序尺度，間隔尺度，比率尺度のデータに利用が可能である。中央値と同様にデータを昇順あるいは降順に並べ替え，最小値から25％（四分の一）にあたる値を第 1 四分位，最小値から50％（四分の二，二分の一）にあたる値，すなわち中央値を第 2 四分位，最小値から75％（四分の三）にあたる値を第 3 四分位とし，第 3 四分位の値から第 1 四分位の値を引き算し半分にした値を四分位偏差という。

データを昇順（利用回数が少ない数から順番に大きくなるように）に並べ替えると，1，2，2，4，5，6，6，7，8，9 となる。
中央値より小さい前半のデータの中の中央値が第 1 四分位，中央値より大きい後半のデータの中の中央値が第 3 四分位となる（図10-4）。

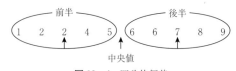

図 10-4　四分位偏差

出所：筆者作成。

第 1 四分位は 2，第 3 四分位は 7 となり，四分位偏差は，（7－2）÷2＝2.5 となる。

4　データの視覚化

　データの視覚化には，度数分布や記述統計によって集計された情報を利用する。図10-5～図10-8のように棒グラフ，円グラフ，帯グラフ，折れ線グラフ等で視覚化することにより，表10-6からはわかりにくい情報を直観的に得ることができる。次節で学習する統計分析の前にデータの集計と視覚化を行うことは，データ分析の大切な手順の１つである。

　上記に挙げた４種類の視覚化の方法にはそれぞれ取り扱うデータに特徴がある。棒グラフ（図10-5）では，横軸に名義尺度や順序尺度の選択肢を割り当て，縦軸には度数や平均等の集計された数値を配置し，２つのデータ間の関連を表現できる。表10-6の推計数（1986年）を見ても，「男の単独世帯」が「女の単独世帯」や「夫婦のみの世帯」と比較して少ないことはわかるが，棒グラフ（図10-5）として表現することにより，直感的にそれぞれの差異を理解することができる。円グラフ（図10-6）は，全体に対する各選択肢の割合を表現する場合に利用する。図10-6では，2019年の「高齢者世帯」数14,878世帯を100％として，４つの下位世帯の構成割合を算出し円グラフとして表している。帯グラフ（図10-7）も円グラフと同様に各選択肢の割合を表現する場合に用いるが，図10-7のように，２つ以上の情報を比較する場合に利用されることが多い。折れ線グラフ（図10-8）では，横軸に時間軸をとる時系列データに利用されることが多く，経年的な変化を視覚的に表現することができる。図10-8から，「男の単独世帯」と「女の単独世帯」は平行して増加しており，2016年から2017年にかけては，若干減少している様子も見られる。また，「夫婦のみの世帯」の増加率が他の単独世帯と比較して若干大きいこともわかる。

表 10-6　高齢者世帯（65歳以上）の世帯構造の年次推移

調査年	高齢者世帯	男の単独世帯	女の単独世帯	夫婦のみの世帯	その他の世帯
	推　　　計　　　数		（単位：千世帯）		
1986	2,362	246	1,035	1,001	80
1989	3,057	307	1,285	1,377	88
1992	3,688	348	1,517	1,704	119
1995	4,390	449	1,751	2,050	141
1998	5,614	555	2,169	2,712	178
2001	6,654	728	2,451	3,257	218
2004	7,874	906	2,824	3,899	245
2007	9,009	1,174	3,153	4,390	292
2010	10,207	1,420	3,598	4,876	313
2013	11,614	1,659	4,071	5,513	371
2016	13,271	2,095	4,464	6,196	516
2017	13,223	2,046	4,228	6,435	514
2018	14,063	2,226	4,604	6,648	585
2019	14,878	2,577	4,793	6,938	571
	構　　　成　　　割　　　合		（単位：％）		
1986	100.0	10.4	43.8	42.4	3.4
1989	100.0	10.0	42.0	45.0	2.9
1992	100.0	9.4	41.1	46.2	3.2
1995	100.0	10.2	39.9	46.7	3.2
1998	100.0	9.9	38.6	48.3	3.2
2001	100.0	10.9	36.8	49.0	3.3
2004	100.0	11.5	35.9	49.5	3.1
2007	100.0	13.0	35.0	48.7	3.2
2010	100.0	13.9	35.3	47.8	3.1
2013	100.0	14.3	35.1	47.5	3.2
2016	100.0	15.8	33.6	46.7	3.9
2017	100.0	15.5	32.0	48.7	3.9
2018	100.0	15.8	32.7	47.3	4.2
2019	100.0	17.3	32.2	46.6	3.8

注：1) 1995年の数値は、兵庫県を除いたものである。
　　2) 2016年の数値は、熊本県を除いたものである。
　　3)「その他の世帯」には、「親と未婚の子のみの世帯」及び「三世代世帯」を含む。
出所：厚生労働省「国民生活基礎調査　令和元（2019）年」「Ⅰ世帯数と世帯人員の状況　2　65歳以上の
　　　者のいる世帯の状況」の「表2　65歳以上の者のいる世帯の世帯構造の年次推移」から数値を引用し
　　　て筆者作成。

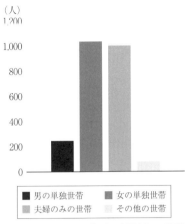

図 10 - 5　高齢者世帯（65歳以上）の世帯
　　　　　構造（1986年）

出所：筆者作成。

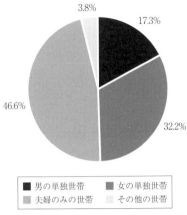

図 10 - 6　高齢者世帯（65歳以上）の世帯
　　　　　構造の構成比率（2019年）

出所：筆者作成。

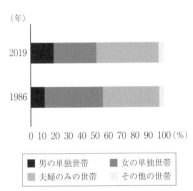

図 10 - 7　高齢者世帯（65歳以上）の世
　　　　　帯構造の構成比率（1986年と
　　　　　2019年の比較）

出所：筆者作成。

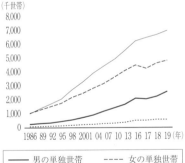

図 10 - 8　高齢者世帯（65歳以上）の世帯
　　　　　構造の年次推移

出所：筆者作成。

練習問題 1

　表 10 - 3 のコード化した後の施設利用調査の調査データを利用して，以下の手順に取り組んでみよう。

① Excel に入力してみよう。

② データの集計をしてみよう。表 10 - 4，表 10 - 5 と同様のものを作成してみよう。

練習問題 2

　97頁の「障害者手帳所持者 1 か月当たりの平均収入（仮想データ）」について，以下の手順で取り組んでみよう（解答・解答例は本書125頁を参照）。

① 「障害者手帳所持者 1 か月当たりの平均収入（コード対応表）」に従い，Excel に表を作成し，データを入力してみよう（コーディングしてみよう）。

② 「障害者手帳所持者 1 か月当たりの平均収入（仮想データ）」をもとに，データを集計してみよう。具体的には，平均値，中央値，分散，標準偏差，第 1 四分位，第 3 四分位，四分位偏差を求めてみよう。

③ 「障害者手帳所持者 1 か月当たりの平均収入による度数分布表例」と「性別と障害者手帳の種類のクロス表」を作成してみよう。

障害者手帳所持者 1 か月当たりの平均収入（仮想データ）

整理番号	性別	障害者手帳の種類	1 か月の収入（万円）
1	男性	身体障害者手帳	6
2	男性	療育手帳	7
3	女性	身体障害者手帳	10
4	男性	精神障害者保健福祉手帳	9
5	女性	療育手帳	6
6	男性	療育手帳	7
7	男性	身体障害者手帳	9
8	女性	精神障害者保健福祉手帳	8
9	男性	身体障害者手帳	13
10	女性	精神障害者保健福祉手帳	15

障害者手帳所持者 1 か月当たりの平均収入（コード対応表）

整理番号	コード対応		
	1：男性 2：女性	1：身体障害者手帳 2：療育手帳 3：精神障害者保健福祉手帳	数値を入力
1			
2			
・ ・ ・			
10			

コラム　なぜ，散布度を導入するのか？

　下図には２つの分布が描かれている。100点満点の同じ試験を２つのクラスに実施した場合を想定している。２つの分布の頂点は60点となっているため２つのクラスの平均値は同じである。異なるのは分布の広がりの程度である。一方の分布はおよそ30点から90点に広がっている（実線〈A〉：標準偏差は10点）が，もう一方の分布はおよそ50点から70点の広がり（点線〈B〉：標準偏差は５点）である。

　平均値だけを見ると２つのクラスの試験の結果は同じであり，理解度も同等とみなすことができる。しかし，分布の広がりを見ると，Aクラスは試験の結果が良い人と悪い人の差が大きく理解度にばらつきがあり，Bクラスは60点付近に集まっていることからほぼ同程度の理解度であると考えられる。

　分布の広がりは散布度によってあらわすことができる。散布度の数値が大きいほど分布の広がりも大きく，数値が小さいほど分布の広がりが小さい。

　このように散布度の大きさを見るとデータの広がりの程度が分かり，データの広がりを考慮すると，代表値だけではわからなかった情報をデータから知ることができる。

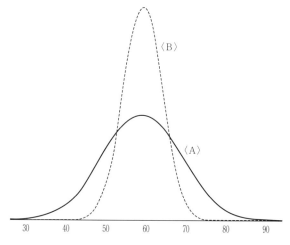

5　統計的検定

　母集団から抽出された標本のデータをもとに，母集団の統計的な特徴を探ろうとするのが推測統計学である。推測統計学は，標本のデータから母集団の平均などを推測する「推定」と，標本のデータから母集団に関連や差があるかどうかなどを検証する「検定」の大きく2つに分けられる。ここでは基本的な検定手法について説明していく。なお，すでに統計学者が母集団と標本との関係について規則性を明らかにし，それを公式として示してくれているので，私たちはその公式を用いて推測を行うことが可能となる。

　統計的検定（統計的仮説検定）は，以下の手順で行う。本章では様々な検定手法を取り上げるが，この一連の流れは多くの検定手法に共通している。

【ステップ1】仮説を立てる

【ステップ2】検定統計量を算出する

【ステップ3】有意水準をもとに有意点を設定する

【ステップ4】有意点と検定統計量を比較し，どちらの仮説を採択するかを判定する

【ステップ5】結論を下す

【ステップ1】仮説を立てる

　研究において何か主張したいことがあるとする。その主張を科学的な根拠に基づいて説明するために，まずは主張に合わせて仮説を立て，データを集め，そのデータをもとに統計的検定を行い，仮説を検証する必要がある。統計的検定を行う際の仮説の立て方にはルールがある。

　統計的検定では，最初に相反する2つの仮説を立てる。2つの仮説とは，帰無仮説と対立仮説である。帰無仮説と対立仮説はそれぞれ H_0 と H_1 と記述される。

　たとえば，ある病気の患者について，治療を受けた群と受けなかった群で回復日数の平均に差があるかないかを検定する場合を考えてみよう。このとき，「治療を受けた群と受けなかった群で平均に差がない」と仮定するのが帰無仮説である。それとは反対に，「治療を受けた群と治療を受けなかった群で回復

日数の平均に差がある」と仮定するのが対立仮説である。また別の例として，労働時間と疲労度との間に関連があるかないかを検定する場合を考えてみよう。このとき，「労働時間と疲労度との間に関連がない」と仮定するのが帰無仮説である。それとは反対に，「労働時間と疲労度との間に関連がある」と仮定するのが対立仮説である。つまり，「差がない」「関連がない」と仮定するのが帰無仮説であり，「差がある」「関連がある」と仮定するのが対立仮説である。

　統計的検定では，帰無仮説が採択されるかどうかを検証し，帰無仮説が棄却されたときに対立仮説を採択するという流れで作業を行う。その流れを以下のステップで説明する。

【ステップ2】検定統計量を算出する

　サンプルサイズ，標本平均，標本標準偏差などの標本の統計量をもとに，それぞれの検定手法に応じた式を用いて検定統計量を算出する。

【ステップ3】有意水準と有意点を設定する

　帰無仮説を採択するか，あるいは帰無仮説を棄却して対立仮説を採択するかを判定する基準を設定する。その基準とは，有意水準と有意点のことである。有意水準と有意点について，以下に例を挙げて説明する。

　たとえば，AとBの2群の平均に差があるかどうかを検定する場合を考えてみよう。まず，帰無仮説を「AとBの平均に差がない」，対立仮説を「AとBの平均に差がある」と設定する。もし本当にAとBの平均に差がないのならば（帰無仮説が正しいと仮定するならば），平均の差は0（ゼロ）に近い値になると予想される。しかし，平均の差が0から遠く離れて一定の基準値を超えると，「帰無仮説のもとでは生じ得ないような値（平均の差）が得られた」ということになり，そもそも帰無仮説が間違っていたと判断し，帰無仮説を棄却して対立仮説を採択する。

　帰無仮説を採択するか棄却するかの分かれ目となる一定の基準値のことを「有意点」と呼ぶ。また，有意点を超える値が得られる可能性，つまり帰無仮説のもとでは生じ得ないような値が得られる確率のことを「有意水準（あるいは有意確率）」と呼ぶ。有意水準は α（アルファ）で表される。

　このように，帰無仮説を採択するか棄却するかの判定は，有意点と有意水準をどの程度に設定するかによって決まる。では，有意点や有意水準は誰がど

ように設定するのであろうか。実際のところ，有意水準は検定を行う者が任意に設定することになっている。通常，科学的な研究において有意水準は 5 ％や 1 ％に設定される。また，設定された有意水準に応じて有意点が決まる。

　実際に有意水準と有意点を設定するには，t 分布表やカイ 2 乗分布表など，それぞれの検定手法に応じた統計表を用いて設定する。詳細は，それぞれの検定手法のところで説明する。

【ステップ 4】有意点と検定統計量を比較し，どちらの仮説を採択するかを判定する

　検定統計量と有意点とを比較する。

- 検定統計量が有意点を超えなければ帰無仮説を採択する。
- 検定統計量が有意点を超えれば帰無仮説を棄却して対立仮説を採択する。

【ステップ 5】結論を下す

　判定結果にもとづいて結論を下す。

　先述の A と B の平均に差があるかどうかを検定する場合を考えてみよう。

- 帰無仮説を棄却する場合，「A と B の平均に差がない」という結論に至る。
- 対立仮説を採択する場合，「A と B の平均に差がある」という結論に至る。

6　基本的な検定手法

（1）対応のない 2 つの平均の差の検定——対応のない t 検定

　2 つの独立した母集団があり，それぞれの母集団から抽出した標本の平均に差があるかどうかを検定するのが「対応のない t 検定」である。高齢者群と若年者群，患者群と健常者群，X 市の住人群と Y 市の住人群など，2 群間の平均に差があるかどうかを検定する際に使用する。2 群間のデータは独立していて対応がないので「対応のない t 検定」と呼ばれる。扱うデータは数量データ（量的変数）である。なお，厳密には 2 群間で等分散性の検定（F 検定）を行い，等分散性が認められない場合は「Welch の t 検定」を用いる必要がある。しかし，ここでは等分散性が認められた場合に用いる t 検定についてのみ説明する。等分散性の検定（F 検定）や Welch の t 検定については省略する。

対応のない t 検定——手順

AとBの2群のデータがあるとする。
Aのサンプルサイズを n_A, 標本平均を $\overline{x}_A$, 標本標準偏差を s_A とする。
Bのサンプルサイズを n_B, 標本平均を $\overline{x}_B$, 標本標準偏差を s_B とする。
AとBの平均に差があるかないかを有意水準両側5％で検定する。

【ステップ1】仮説を立てる

H_0：AとBの平均に差がない

H_1：AとBの平均に差がある

【ステップ2】検定統計量を算出する

以下の式を用いて検定統計量 t を算出する。

$$t = \frac{\overline{x}_A - \overline{x}_B}{\sqrt{\dfrac{s_p^2}{n_A} + \dfrac{s_p^2}{n_B}}}$$

このときの s_p^2 は，AとBの標本標準偏差を1つにまとめたものであり，次の式を用いて算出する。s_p^2 のことをプールされた分散と呼ぶ。

$$s_p^2 = \frac{(n_A - 1) \times s_A^2 + (n_B - 1) \times s_B^2}{n_A + n_B - 2}$$

※プールされた分数とは

標本から母分散を推定する際，標本に含まれるデータ数が多いほうが推定の精度が高まる。よってAとBの2群のデータがある場合，両群のデータを用いたほうが推定の精度が高まる。両群のデータを蓄えて（プールして）算出された分散を「プールされた分散」という。

【ステップ3】有意水準をもとに有意点を設定する

　検定統計量 t は自由度 $n_A + n_B - 2$ の t 分布に従う。よって，t 分布表（巻末資料を参照）を用いて有意水準両側5％となる有意点を求める。両側検定の場合，上側有意点と下側有意点の2つが設定される。

【ステップ4】有意点と検定統計量を比較し，どちらの仮説を採択するかを判定する

　検定統計量 t と上側有意点，下側有意点を比較する（図10-9）。

- t が有意点を超えなければ（下側有意点 $\leq t \leq$ 上側有意点），H_0 を採択する。
- t が有意点を超えれば（$t <$ 下側有意点，あるいは上側有意点 $< t$ であれば），H_0 を棄却して H_1 を採択する。

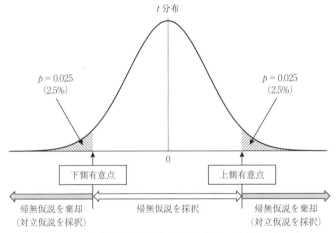

図10-9 t 分布における有意点と帰無仮説の採択域・棄却域

出所：筆者作成。

【ステップ5】結論を下す

判定結果に基づいて結論を下す。

- 帰無仮説を採択した場合,「AとBの平均に差がない」という結論に至る。
- 対立仮説を採択した場合,「AとBの平均に差がある」という結論に至る。

※詳細な検定結果の記述方法については後述する。

対応のない t 検定——具体例

> 男性20名,女性20名を無作為に選び,ある商品の好みを5点満点で評価してもらった。その結果,男性の平均は3.4点,標準偏差は1.5点,女性の平均は2.8点,標準偏差は1.2点であった。男性と女性で評価の平均に差があるといえるか。有意水準両側5%で検定しなさい。

まず,標本統計量を確認する。ここでは男性をA,女性をBとして区別する。

男性（A）：サンプルサイズ $n_A = 20$,標本平均 $\bar{x}_A = 3.4$,
標本標準偏差 $s_A = 1.5$

女性（B）：サンプルサイズ $n_B = 20$,標本平均 $\bar{x}_B = 2.8$,
標本標準偏差 $s_B = 1.2$

【ステップ1】仮説を立てる

H_0：男性と女性の評価の平均に差がない

H_1：男性と女性の評価の平均に差がある

【ステップ2】検定統計量を算出する

① まず s_p^2 を算出する。

$$s_p^2 = \frac{(n_A - 1) \times s_A^2 + (n_B - 1) \times s_B^2}{n_A + n_B - 2} = \frac{(20 - 1) \times 1.5^2 + (20 - 1) \times 1.2^2}{20 + 20 - 2}$$

$$= \frac{42.75 + 27.36}{38} = \frac{70.11}{38} = 1.85$$

② 次に検定統計量 t を算出する

$$t=\frac{\overline{x}_A-\overline{x}_B}{\sqrt{\dfrac{s_p^2}{n_A}+\dfrac{s_p^2}{n_B}}}=\frac{3.4-2.8}{\sqrt{\dfrac{1.85}{20}+\dfrac{1.85}{20}}}=\frac{0.6}{\sqrt{0.09+0.09}}=\frac{0.6}{\sqrt{0.18}}=\frac{0.6}{0.42}=1.43$$

【ステップ3】有意水準をもとに有意点を設定する

自由度は $n_A+n_B-2=20+20-2=38$

t 分布表（巻末資料を参照）より，自由度38のときに有意水準両側5％となる有意点を求める。

上側有意点は2.024，下側有意点は -2.024 である。

【ステップ4】有意点と検定統計量を比較し，どちらの仮説を採択するかを判定する

検定統計量 $t=1.43$ と上側有意点2.024，下側有意点 -2.024 を比較する（図10-10）。

t が有意点を超えない（$-2.024 \leqq t \leqq 2.024$）ので，$\mathrm{H}_0$ を採択する

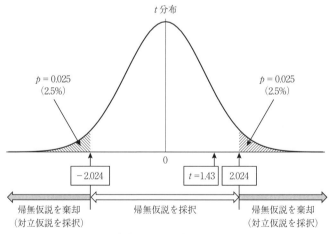

図10-10 例題における検定統計量 t と有意点との比較をイメージした図

出所：筆者作成。

【ステップ5】結論を下す

判定結果に基づいて結論を下す。

H_0 を採択したので，「男性と女性の評価の平均に差がない」が結論となる。

具体的な検定結果の記述方法は，以下のとおりである。結果を記述する際には，文章に「有意な〜」という表現を用いる。

例：「男性と女性の評価の平均に有意な差はみられなかった（$t(38)=1.43$, *n.s.*）。」

文章の末尾に自由度と検定統計量 t，さらに差がある場合は有意水準を $p<.05$ のように記載し，差がない場合は *n.s.*（not significant（有意でない）の略）と記載する。

練習問題3

対応のない t 検定をやってみよう（解答は本書126頁を参照）。

女性高齢者を対象に運動頻度によって肥満度に差があるかどうかを調べた。ふだん運動をしない人（運動なし群）25名と毎日30分以上運動をする人（運動あり群）20名の BMI（Body Mass Index）を測定したところ，以下の結果が得られた。運動なし群と運動あり群で BMI の平均に差があるといえるか。有意水準両側5％で検定しなさい。

運動なし群：サンプルサイズ $n=25$，標本平均 $\bar{x}=24.0$，
　　　　　　標本標準偏差 $s=2.8$

運動あり群：サンプルサイズ $n=20$，標本平均 $\bar{x}=22.3$，
　　　　　　標本標準偏差 $s=2.4$

（2）対応のある2つの平均の差の検定——対応のある t 検定

同一の対象から得られた2つのデータがあり，それらの2つの平均に差があるかどうかを検定するのが「対応のある t 検定」である。治療前と治療後，運動前と運動後，半年前と半年後，介護サービスの利用前と利用後などで2つの平均に差があるかどうかを検定する際に使用する。扱うデータは数量データ（量的変数）である。

対応のある t 検定——手順

> 同一の対象から得られたＫとＬの２つのデータがサンプルサイズ n 個分あると
> する（表 10 - 7）。
>
> 表 10 - 7　n 人のＫとＬのデータ
>
> | | 1 | 2 | 3 | 4 | 5 | … | n | 平均 | 標準偏差 |
> |---|---|---|---|---|---|---|---|---|---|
> | Ｋ | x_{K1} | x_{K2} | x_{K3} | x_{K4} | x_{K5} | … | x_{Kn} | $\overline{x}_K$ | s_{x_K} |
> | Ｌ | x_{L1} | x_{L2} | x_{L3} | x_{L4} | x_{L5} | … | x_{Ln} | $\overline{x}_L$ | s_{x_L} |
> | 差 d（Ｋ−Ｌ） | d_1 | d_2 | d_3 | d_4 | d_5 | … | d_n | $\overline{d}$ | s_d |
>
> 出所：筆者作成。
>
> ＫとＬの差を d で表す（difference の頭文字をとって d）。
> ＫとＬの差 d の平均を $\overline{d}$，ＫとＬの差 d の標準偏差を s_d で表す。
> ＫとＬの平均に差があるかないかを有意水準両側５％で検定する。

【ステップ１】仮説を立てる

H_0：ＫとＬの平均に差がない

H_1：ＫとＬの平均に差がある

【ステップ２】検定統計量を算出する

以下の式を用いて検定統計量 t を算出する。

$$t = \frac{\overline{d}}{\frac{s_d^2}{\sqrt{n}}}$$

【ステップ３】有意水準をもとに有意点を設定する

検定統計量 t は自由 $n-1$ の t 分布に従う。よって，t 分布表（巻末資料を参照）を用いて有意水準両側５％となる有意点を求める。両側検定の場合，上側有意点と下側有意点の２つが設定される。

【ステップ４】有意点と検定統計量を比較し，どちらの仮説を採択するかを判定する

検定統計量 t と上側有意点，下側有意点を比較する。

- t が有意点を超えなければ（下側有意点$\leqq t\leqq$上側有意点），H_0 を採択する。
- t が有意点を超えれば（$t <$有意点，あるいは有意点$< t$であれば），H_0 を棄却して H_1 を採択する。

【ステップ5】結論を下す

判定結果に基づいて結論を下す。

- 帰無仮説を採択した場合，「AとBの平均に差がない」という結論に至る。
- 対立仮説を採択した場合，「AとBの平均に差がある」という結論に至る。

※詳細な検定結果の記述方法については後述する。

対応のある t 検定──具体例

保健所で肥満児童30人を無作為に選び食事・生活指導したところ，体重は表10-8のように変化した。指導前と指導後で体重の平均に差があるか。有意水準両側5％で検定しなさい。

表10-8　肥満児童30人の指導前と指導後の体重

	1	2	3	4	5	…	30	平　均	標準偏差
指導前	64	68	66	65	78	…	52	61.3	7.9
指導後	61	62	61	58	79	…	50	58.7	7.5
差 d（指導前−指導後）	3	6	5	7	−1	…	2	2.8	2.1

出所：筆者作成。

まず，標本統計量を確認する。

サンプルサイズ $n=30$，指導前と指導後の差 d の平均 $\bar{d}=2.8$，

指導前と指導後の差の d 標準偏差 $s_d=2.1$

【ステップ1】仮説を立てる

H_0：指導前と指導後の平均に差がない

H_1：指導前と指導後の平均に差がある

【ステップ 2】検定統計量を算出する

以下の式を用いて検定統計量 t を算出する。

$$t = \frac{\overline{d}}{\dfrac{s_d^2}{\sqrt{n}}} = \frac{2.8}{\dfrac{2.1^2}{\sqrt{30}}} = \frac{2.8}{\dfrac{4.41}{5.48}} = \frac{2.8}{0.80} = 3.50$$

【ステップ 3】有意水準をもとに有意点を設定する

自由度は $n-1 = 30-1 = 29$

t 分布表（巻末資料を参照）より，自由度 29 のときに有意水準両側 5 ％となる有意点を求める。

上側有意点は 2.045，下側有意点は -2.045 である。

【ステップ 4】有意点と検定統計量を比較し，どちらの仮説を採択するかを判定する

検定統計量 $t=3.50$ と上側有意点 2.045，下側有意点 -2.045 を比較する（図 10 - 11）。

t が有意点を超える（$2.045 < t$）ので，H_0 を棄却して H_1 を採択する。

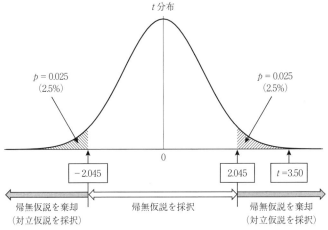

図 10 - 11　例題における検定統計量 t と有意点との比較をイメージした図

出所：筆者作成。

【ステップ5】結論を下す

判定結果に基づいて結論を下す。

H_1 を採択したので，「指導前と指導の平均に差がある」が結論となる。

具体的な検定結果の記述方法は，以下のとおりである。

例：「指導前と指導後の平均に有意な差がみられた（$t(29)=3.50$, $p<.05$）。」

練習問題4

対応のある t 検定をやってみよう（解答は本書127頁を参照）。

ある病院で6人の患者を無作為に選び，血圧を下げる薬を注射して注射前後の収縮期血圧（最高血圧）の差を測定したら，表のようになった。注射前と注射後で血圧の平均に差があるといえるか。有意水準両側5％で検定しなさい。

	1	2	3	4	5	6	平　均	標準偏差
注射前	130	140	138	139	134	132	135.5	4.09
注射後	127	136	132	136	128	130	131.5	3.89
差 d（注射前－注射後）	3	4	6	3	6	2	4.0	1.67

標本統計量　サンプルサイズ $n=6$，注射前と注射後の差 d の平均 $\bar{d}=4.0$，
注射前と指導後の差 d の標準偏差 $s_d=1.67$

（3）独立性の検定──カイ2乗検定

2つ以上のカテゴリーからなるクロス集計表を用いて，変数間に関連があるかどうかを検定することを独立性の検定という。その際に用いるのがカイ2乗検定である。

これまでの対応のない t 検定や対応のある t 検定で扱われるデータは，数量データ（量的変数）であった。これに対し，カイ2乗検定では，男性か女性か，高齢者か若年者か，患者か健常者か，施設サービス利用者か在宅サービス利用者か，満足しているか満足していないかなどのカテゴリーデータすなわち質的データ（質的変数）を扱う。検定には各カテゴリーの度数（人数や個数）が使われる。

カイ 2 乗検定――手順と具体例

　睡眠時間を 7 時間以上とっている子ども（長時間群）と 7 時間未満の子ども（短時間群）で，日中の眠気の有無を調べたところ，表10-9のような人数の内訳になった。睡眠時間と日中の眠気の有無に関連があるだろうか。有意水準 5 ％で検定しなさい。

表10-9　クロス集計表　実測値（観測値）

		睡眠時間		合　計
		長時間群	短時間群	
日中の眠気	眠気なし	78	21	99
	眠気あり	20	19	39
合　計		98	40	138

出所：筆者作成。

　なお，この場合のクロス集計表は 2 行，2 列のデータで構成されるので 2×2 のクロス集計表と呼ばれる。

【ステップ 1 】仮説を立てる

　H_0：睡眠時間と日中の眠気に関連がない

　H_1：睡眠時間と日中の眠気に関連がある

【ステップ 2 】期待値を算出する

　期待値は以下のように考える。

　もし睡眠時間と日中の眠気に関連がない，つまり長時間群と短時間群で日中の眠気の有無に差がないとすれば，長時間群の98人の内訳は全体（合計）の比率（「眠気なし」は $\frac{99}{138}$，「眠気あり」は $\frac{39}{138}$）に従うはずである。また短時間群の40人の内訳も全体の比率（「眠気なし」は $\frac{99}{138}$，「眠気あり」は $\frac{39}{138}$）に従うはずである。この考えに基づき算出されたのが期待値（期待度数）である。

　具体的には以下のように算出する（表10-10）。

$$長時間群の眠気なしの期待値 \qquad 98 \times \frac{99}{138} = 70.30$$

$$長時間群の眠気ありの期待値 \qquad 98 \times \frac{39}{138} = 27.70$$

$$短時間群の眠気なしの期待値 \qquad 40 \times \frac{99}{138} = 28.70$$

$$短時間群の眠気ありの期待値 \qquad 40 \times \frac{39}{138} = 11.30$$

表 10-10　期待値（期待度数）

		睡眠時間		合　計
		長時間群	短時間群	
日中の眠気	眠気なし	70.30	28.70	99
	眠気あり	27.70	11.30	39
合　計		98	40	138

出所：筆者作成。

【ステップ3】検定統計量を算出する

以下の式を用いて検定統計量 χ^2（カイ2乗）を算出する。

$$\chi^2 = \sum \frac{(実測値 - 期待値)^2}{期待値}$$

実際に計算してみる。

$$\chi^2 = \frac{(78-70.30)^2}{70.30} + \frac{(20-27.70)^2}{27.70} + \frac{(21-28.70)^2}{28.70} + \frac{(19-11.30)^2}{11.30}$$

$$= \frac{59.29}{70.30} + \frac{59.29}{27.70} + \frac{59.29}{28.70} + \frac{59.29}{11.30}$$

$$= 0.84 + 2.14 + 2.07 + 5.25 = 10.30$$

この χ^2 は，期待値と実測値の間にどれくらいのずれがあるかを計算したものである。

【ステップ4】有意水準をもとに有意点を設定する

検定統計量 χ^2 は自由度 (行数-1)×(列数-1) の χ^2 分布（巻末資料を参照）に従う。よって，χ^2 分布表を用いて上側有意水準5％となる有意点を求める。

この例題では，

$$\text{自由度は (行数} -1)\times(\text{列数} -1)=(2-1)\times(2-1)=1$$

χ^2 分布表より，自由度1のときに有意水準5％となる有意点を求める。

有意点は 3.841

【ステップ5】有意点と検定統計量を比較し，どちらの仮説を採択するかを判定する

検定統計量 χ^2 と有意点を比較する。

- χ^2 が有意点を超えなければ（$\chi^2 \leqq$ 有意点），H_0 を採択する。
- χ^2 が有意点を超えれば（有意点$<\chi^2$），H_0 を棄却して H_1 を採択する。

ここでの判定についてもう少し説明を加える。

H_0 を仮定したときの値が期待値であるから，実測値と期待値とのずれ（χ^2）が有意点よりも小さければ，実測値は期待値に近いとみなされ，H_0 を採択する。しかし，実測値と期待値のずれ（χ^2）が有意点を超えれば，実測値は期待値からかけ離れているとみなされ，H_0 を棄却して H_1 を採択する。

この例題では，$\chi^2=10.30$ であった。

この値と有意点 3.841 を比較してみると（図 10 - 12），

$$3.841<\chi^2$$

よって，H_0 を棄却して H_1 を採択する。

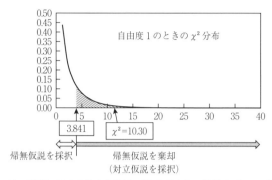

図 10 - 12　例題における検定統計量 χ^2 と有意点との比較をイメージした図

出所：筆者作成。

【ステップ 6】結論を下す

判定結果に基づいて結論を下す。

H_1 を採択したので，「睡眠時間と日中の眠気に関連がある」が結論となる。

具体的な検定結果の記述方法は以下のとおりである。

例：「睡眠時間と日中の眠気に有意な関連がみられた（$\chi^2(1)=10.30,\ p<.05$）。」

練習問題 5

カイ 2 乗検定をやってみよう（解答は本書128頁を参照）。

ある病気に対する予防注射の効果を確かめるために調査を行った。予防注射を接種した60名のうち15名が発病し，45名が発病しなかった。一方，予防注射を接種しなかった90名のうち40名が発病し，50名が発病しなかった。下表はその結果をクロス集計表に表したものである。予防注射の接種とある病気の発病に関連があるだろうか。有意水準 5 ％で検定しなさい。

		予防接種		合　計
		接種した	接種しなかった	
ある病気の発病	発病あり	15	40	55
	発病なし	45	50	95
合　計		60	90	150

（4）オッズ比

　クロス集計表を利用した分析には，独立性の検定の他にオッズ比を求める方法がある。

　オッズ（odds）とは，「見込み，公算，掛け率，勝算」などと訳され[1]，ある事象の起きる確率と起きない確率の比のことである。競馬など賭け事でもよく耳にする言葉である。たとえば，AとBの二頭の競走馬がいて，いずれの馬がレースで勝利するかを100人に尋ねたところ，Aが75人，Bが25人と回答したとする。このとき，Aの馬はBの馬よりも3倍勝利する可能性があると表現することができ，そのオッズは，75÷25＝3と計算することができる。もし，Aが50人，Bも50人という結果ならば，オッズは50÷50＝1となり，いずれの馬が勝利するか分からない，五分五分（even）であるということになる。

　オッズ比とは，2つのオッズの比によって，2つの集団間の関係の強さを調べる指標である。特に，疫学研究[2]において利用されることが多い。

オッズ比──手順と具体例

　ある保育施設で食中毒が発生した。食中毒を発症した児童は20人，発症しなかった児童は30人であった。食中毒の原因として，その日のおやつに注目が集まった。おやつは以下の3種類で，食中毒の発症有無とおやつの摂取の有無との関係は表10-11のような人数内訳になった。さて，いずれのおやつが食中毒の原因と考えられるだろうか。

表10-11　食中毒の調査結果（仮想データ）

	食中毒を発症した（20人）		食中毒を発症していない（30人）	
	食べた	食べていない	食べた	食べていない
バナナ	15人	5人	12人	18人
みかんゼリー	14人	6人	21人	9人
ヨーグルト	10人	10人	21人	9人

出所：筆者作成。

① 食中毒の発症の有無とおやつ摂取の有無について人数の割合をそれぞれ
求める（表10‐12）

表10‐12　人数の割合を求める

	食中毒を発症した（20人）		食中毒を発症していない（30人）	
	食べた	食べていない	食べた	食べていない
バナナ	15÷20＝0.75	5÷20＝0.25	12÷30＝0.40	18÷30＝0.60
みかんゼリー	14÷20＝0.70	6÷20＝0.30	21÷30＝0.70	9÷30＝0.30
ヨーグルト	10÷20＝0.50	10÷20＝0.50	21÷30＝0.70	9÷30＝0.30

出所：筆者作成。

② おやつを食べていない児童に対するおやつを食べた児童のオッズを求め
る（表10‐13）

表10‐13　オッズを求める

	食中毒を発症した児童	食中毒を発症していない児童
	おやつを食べていない児童に対するおやつを食べた児童のオッズ	
バナナ	0.75÷0.25＝3.00	0.40÷0.60＝0.67
みかんゼリー	0.70÷0.30＝2.33	0.70÷0.30＝2.33
ヨーグルト	0.50÷0.50＝1.00	0.70÷0.30＝2.33

小数第三位を四捨五入。
出所：筆者作成。

たとえば，食中毒を発症した児童の中で，バナナを食べた児童は，食べてい
ない児童の３倍いると考えることができる。

③ オッズ比を求める（表10‐14）

表10‐14　オッズ比を求める

	オッズ比
バナナ	3.00÷0.67＝4.48
みかんゼリー	2.33÷2.33＝1.00
ヨーグルト	1.00÷2.33＝0.43

小数第三位を四捨五入。
出所：筆者作成。

④　結論を下す

バナナの数値のように，オッズ比が１よりも大きい場合は食中毒の可能性が高く，ヨーグルトの数値のように，１よりも小さい場合は食中毒の可能性が低いと判断する。みかんゼリーの数値のように，オッズ比が１の場合は食中毒の原因としては判断を保留することになる。

ただし，食中毒であるかについて最終的な判断を下すためには，オッズ比の真の値が含まれる95％の信頼区間を求め，その下限値が１よりも大きな値となっていることを確かめる必要がある。計算の過程が複雑なため，ここでは割愛する。参考までに，信頼区間の下限値と上限値を表 10 - 15 に示す（下限値と上限値の算出式は本章注２の文献を参照）。

信頼区間の結果も含めて，バナナが食中毒の原因であると考えられる。

表 10 - 15　95％の信頼区間の下限値と上限値

	下限値	上限値
バナナ	1.29	15.68
みかんゼリー	0.29	3.44
ヨーグルト	0.13	1.39

小数第三位を四捨五入。
出所：筆者作成。

練習問題6

練習問題5では予防注射の接種とある病気の発病に関連があるのかをカイ２乗検定で調べた。ここでは，練習問題5と同じデータを利用して，予防注射の接種がある病気の発病防止に効果があるかについて，オッズ比を求めて確かめてみよう（解答は本書130頁を参照）。

（5）相関分析

　相関分析とは，2つの変数の関係性を調べることである。相関分析では，2つの変数の関係性を散布図と呼ばれるグラフで表したり，関係性の度合いを相関係数と呼ばれる数値で表したりする。相関係数には，ピアソンの積率相関係数，スピアマンの順位相関係数，ケンドールの順位相関係数などがあるが，ここではピアソンの積率相関係数について説明する。扱うデータは数量データ（量的変数）である。

相関分析——手順と具体例

　　身長と足のサイズの2つのデータが12名分ある（表10-16）。身長と足のサイズに関係性は認められるであろうか（ここでは，身長を変数X，足のサイズを変数Yとする）。

表10-16　12名の身長と足のサイズ

	1	2	3	4	5	6	…	12
X：身長（cm）	160	158	167	158	165	163	…	163
Y：足のサイズ（cm）	23.0	23.0	24.0	23.5	24.5	26.5	…	24.5

出所：筆者作成。

　　以下の相関分析を行う。
　　　①　身長と足のサイズの散布図を作成する。
　　　②　身長と足のサイズの相関係数を算出する。
　　これらの分析は通常パソコンの表計算ソフトや統計ソフトを用いて行う。

　①　散布図の作成

　散布図とは，2つの変数の関係性をグラフで表したものである。一方の変数を横軸に，もう一方の変数を縦軸にとり，各個体のデータをプロットする。この例題では，身長を横軸，足のサイズを縦軸にとり，12名分のデータをプロットすると図10-13のような散布図が出来上がる。

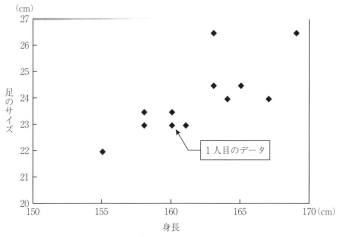

図 **10 - 13**　身長と足のサイズの散布図

出所：筆者作成。

② 相関係数の算出

相関係数は以下の式を用いて算出する。相関係数は－1 から＋1 までの間の値をとる。相関係数の記号は r で表される。

$$r=\frac{(X と Y の共分散)}{(X の標準偏差)\times(Y の標準偏差)}=\frac{\frac{1}{n}\Sigma\left\{\left(X-\overline{X}\right)\times\left(Y-\overline{Y}\right)\right\}}{\sqrt{\frac{1}{n}\Sigma\left(X-\overline{X}\right)^{2}}\times\sqrt{\frac{1}{n}\Sigma\left(Y-\overline{Y}\right)^{2}}}$$

$$=\frac{\Sigma\left\{\left(X-\overline{X}\right)\times\left(Y-\overline{Y}\right)\right\}}{\sqrt{\Sigma\left(X-\overline{X}\right)^{2}}\times\sqrt{\Sigma\left(Y-\overline{Y}\right)^{2}}}$$

しかし，電卓を用いて手計算で相関係数を算出するのは非常に手間がかかる。そこで通常は，パソコンの表計算ソフトや統計ソフトを用いて計算を行う。この例題では，以下のとおり相関係数が算出された（Microsoft Excel では COR-REL 関数を用いる）。

$$r=\frac{\Sigma\left\{\left(X-\overline{X}\right)\times\left(Y-\overline{Y}\right)\right\}}{\sqrt{\Sigma\left(X-\overline{X}\right)^{2}}\times\sqrt{\Sigma\left(Y-\overline{Y}\right)^{2}}}=0.76$$

　一般に，相関係数の解釈は表10‐17に従うことが多い。

　この例題では，$r=0.76$ であったので，「身長と足のサイズには強い正の相関が認められた」という結論に至る。

表10‐17　相関係数の解釈

相関の方向	相関係数の値	解　釈
正の相関	$0.7 \leqq r \leqq 1.0$	強い正の相関がある
	$0.4 \leqq r < 0.7$	高い正の相関がある（かなり正の相関がある）
	$0.2 \leqq r < 0.4$	弱い正の相関がある（やや正の相関がある）
無相関	$0 \leqq r < 0.2$	相関がない
	$-0.2 < r \leqq 0$	
負の相関	$-0.4 < r \leqq -0.2$	弱い負の相関がある（やや負の相関がある）
	$-0.7 < r \leqq -0.4$	高い負の相関がある（かなり負の相関がある）
	$-1.0 \leqq r \leqq -0.7$	強い負の相関がある

出所：筆者作成。

　相関係数と散布図の対応は図10‐14のようになる。$r=1$ というのは右上がりの直線状に全てのプロットが並んだ状態，$r=-1$ というのは右下がりの直線状にすべてのプロットが並んだ状態である。

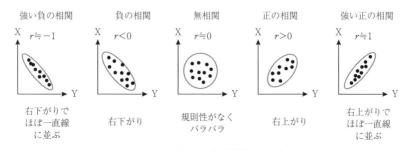

図10‐14　相関係数と散布図の対応

出所：筆者作成。

練習問題 7

相関のある変数について考えてみよう。

① 正の相関があると考えられる2つの変数の組み合わせを3つ考えなさい。

② 負の相関があると考えられる2つの変数の組み合わせを3つ考えなさい。

（6）回帰分析

回帰分析とは，データをもとに，ある変数を別の変数を使って予測する式を作ることである。この式のことを「回帰式」あるいは「回帰方程式」と呼ぶ。回帰分析では，予測したい変数を「目的変数」，予測に使う変数を「説明変数」という。

1つの目的変数に対して1つの説明変数で予測することを「単回帰分析」，1つの目的変数に対して2つ以上の説明変数で予測することを「重回帰分析」という。いずれも扱うデータは数量データ（量的変数）である。

回帰分析──手順と具体例

ここでも相関分析の説明で用いたデータを使用して，身長と足のサイズに関係性が認められるか調べる（表10-18）。

表10-18 12名の身長と足のサイズ（再掲）

	1	2	3	4	5	6	…	12
X：身長（cm）	160	158	167	158	165	163	…	163
Y：足のサイズ（cm）	23.0	23.0	24.0	23.5	24.5	26.5	…	24.5

出所：筆者作成。

以下の回帰分析を行う。

① 散布図を作成し回帰直線を描き入れる。

② 身長を説明変数，足のサイズを目的変数として回帰式を作る。

これらの分析は通常パソコンの表計算ソフトや統計ソフトを用いて行う。

　図 10‐15 のように，散布図上のすべてのプロットから最も距離が近くなるように引いた直線を回帰直線という。この回帰直線の方程式が回帰式である。
　回帰式は以下の式で表される。

$$Y = aX + b \quad （a は傾き，b は切片を表す）$$

この方程式は最小二乗法という方法を用いて求めるが，非常に手間がかかるので，通常はパソコンの表計算ソフトや統計ソフトを使って求める。なお，最小二乗法の説明については，他の専門書に委ねるとして本書では省略する。
　この例題では，以下のとおり回帰式が求められた。

$$Y = 0.26X - 17.63$$

　さて，この回帰式を使って，身長から足のサイズを予測してみよう。たとえば，身長200センチメートルの人の足のサイズを予測してみる。

$$Y = 0.26 \times 200 - 17.63 = 32.37 \quad （X に 200 を入れる）$$

　よって，身長200センチメートルの人の足のサイズは32.37センチメートルと予測される。

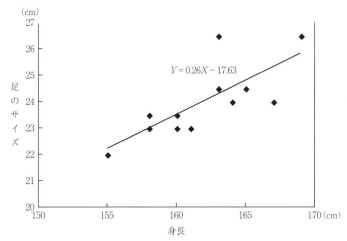

図 10 - 15　散布図上に回帰直線と回帰式を描き入れた図
出所：筆者作成。

注

(1)　国広哲弥ほか編『小学館プログレッシブ英和中辞典　第 3 版』小学館。

(2)　疾病や健康状況などについて，特定の集団を対象として，その原因や発生条件を統計的に明らかにする研究。総務省統計局なるほど統計学園高等部「豆知識　意外なところに統計学　感染源の特定」（https://www.stat.go.jp/koukou/trivia/careers/career4.html　2020年11月27日閲覧）。

参考文献

折笠秀樹（2019）「オッズ比とリスク比の違い」『薬理と治療』47(3)，539〜543頁。

松原望監（2020）『Newton（Newton Special 推理する統計学　ベイズ統計超入門）』40(10)。

～～～～～～～～～　コラム　第1種の過誤と第2種の過誤　～～～～～～～～～

　有意水準を任意に設定して検定を行うにあたり，帰無仮説を採択するか棄却するかの判定において誤りが生じる危険性がある。その判定の誤りとは，「帰無仮説が正しいのにそれを棄却してしまう誤り」と「帰無仮説が正しくないのにそれを採択してしまう誤り」である。前者を「第1種の過誤」，後者を「第2種の過誤」と呼ぶ。有意水準を設定する際にはこうした危険性を伴うことから，有意水準のことを別名「危険率」と呼ぶ。

<table>
<tr><td rowspan="2" colspan="2"></td><td colspan="2">真　実</td></tr>
<tr><td>帰無仮説が正しい</td><td>帰無仮説が正しくない
（対立仮説が正しい）</td></tr>
<tr><td rowspan="2">判
定</td><td>帰無仮説を採択</td><td>正しい判定</td><td>誤った判定
（第2種の過誤）</td></tr>
<tr><td>帰無仮説を棄却</td><td>誤った判定
（第1種の過誤）</td><td>正しい判定</td></tr>
</table>

出所：筆者作成。

練習問題 2 (96頁) の解答　解答例

② データ集計の解答

平均値	9
中央値	8.5
分散	8
標準偏差	2.83
第 1 四分位	7
第 3 四分位	10
四分位偏差	1.5

③ 障害者手帳所持者 1 か月当たりの平均収入による度数分布表例

性別	人数
男性	6
女性	4

障害者手帳の種類	人数
身体障害者手帳	4
療育手帳	3
精神障害者保健福祉手帳	3

1 か月の収入 (万円)	人数
6	2
7	2
8	1
9	2
10	1
11	0
12	0
13	1
14	0
15	1

③ 性別と障害者手帳の種類のクロス表

	身体障害者手帳	療育手帳	精神障害者保健福祉手帳
男性	3	2	1
女性	1	1	2

単位：人。

練習問題3（106頁）の解答

【ステップ1】仮説を立てる

H_0：運動なし群と運動あり群で BMI の平均に差がない

H_1：運動なし群と運動あり群で BMI の平均に差がある

【ステップ2】検定統計量を算出する

① まず s_p^2 を算出する。

$$s_p^2 = \frac{(n_A-1) \times s_A^2 + (n_B-1) \times s_B^2}{n_A + n_B - 2} = \frac{(25-1) \times 2.8^2 + (20-1) \times 2.4^2}{25+20-2}$$

$$= \frac{188.16 + 109.44}{43} = \frac{297.60}{43} = 6.92$$

② 次に検定統計量 t を算出する

$$t = \frac{\bar{x}_A - \bar{x}_B}{\sqrt{\dfrac{s_p^2}{n_A} + \dfrac{s_p^2}{n_B}}} = \frac{24.0 - 22.3}{\sqrt{\dfrac{6.92}{25} + \dfrac{6.92}{20}}} = \frac{1.70}{\sqrt{0.28 + 0.35}} = \frac{1.70}{\sqrt{0.63}} = \frac{1.70}{0.79} = 2.15$$

【ステップ3】有意水準をもとに有意点を設定する

自由度は $n_A + n_B - 2 = 25 + 20 - 2 = 43$

t 分布表より，自由度43のときに有意水準両側5％となる有意点を求める。上側有意点は2.017，下側有意点は -2.017 である。

【ステップ4】有意点と検定統計量を比較し，どちらの仮説を採択するかを判定する

検定統計量 $t=2.15$ と上側有意点2.017，下側有意点 -2.017 を比較する。t が有意点を越える（$2.017 < t$）ので，H_0 を棄却して H_1 を採択する。

【ステップ5】結論を下す

H_1 を採択したので，「運動なし群と運動あり群で BMI の平均に差がある」が結論となる。

具体的な検定結果の記述方法は以下のとおりである。

例：「運動なし群と運動あり群で BMI の平均に有意な差がみられた（$t(43)=2.15$, $p<.05$）。」

練習問題 4（110頁）の解答

【ステップ1】仮説を立てる

H_0：注射前と注射後で血圧の平均に差がない

H_1：注射前と注射後で血圧の平均に差がある

【ステップ2】検定統計量を算出する

以下の式を用いて検定統計量 t を算出する。

$$t = \frac{\overline{d}}{\dfrac{s_d^2}{\sqrt{n}}} = \frac{4.0}{\dfrac{1.67^2}{\sqrt{6}}} = \frac{4.0}{\dfrac{2.79}{2.45}} = \frac{4.0}{1.14} = 3.51$$

【ステップ3】有意水準をもとに有意点を設定する

自由度は $n - 1 = 6 - 1 = 5$

t 分布表より，自由度5のときに有意水準両側5％となる有意点を求める。

上側有意点は 2.571，下側有意点は -2.571 である。

【ステップ4】有意点と検定統計量を比較し，どちらの仮説を採択するかを判定する

検定統計量 $t = 3.51$ と上側有意点 2.571，下側有意点 -2.571 を比較する。

t が有意点を越える（$2.571 < t$）ので，H_0 を棄却して H_1 を採択する

【ステップ5】結論を下す

H_1 を採択したので，「注射前と注射後で血圧の平均に差がある」が結論となる。

具体的な検定結果の記述方法は以下のとおりである。

例：「注射前と注射後で血圧の平均に有意な差がある（$t(5) = 3.51$, $p < .05$）。」

練習問題 5（114頁）の解答

【ステップ1】仮説を立てる

H_0：予防注射の接種とある病気の発病に関連がない

H_1：予防注射の接種とある病気の発病に関連がある

【ステップ2】期待値を算出する

接種したの発病ありの期待値　　　　　　$60 \times \dfrac{55}{150} = 22.00$

接種したの発病なしの期待値　　　　　　$60 \times \dfrac{95}{150} = 38.00$

接種しなかったの発病ありの期待値　　　$90 \times \dfrac{55}{150} = 33.00$

接種しなかったの発病なしの期待値　　　$90 \times \dfrac{95}{150} = 57.00$

期待値（期待度数）

		予防接種		合　計
		接種した	接種しなかった	
ある病気の発病	発病あり	22	33	55
	発病なし	38	57	95
合　計		60	90	150

【ステップ3】検定統計量を算出する

以下の式を用いて検定統計量 χ^2（カイ2乗）を算出する。

$$\chi^2 = \sum \frac{(\text{実測値} - \text{期待値})^2}{\text{期待値}}$$

$$= \frac{(15-22)^2}{22} + \frac{(45-38)^2}{38} + \frac{(40-33)^2}{33} + \frac{(50-57)^2}{57}$$

$$= \frac{49}{22} + \frac{49}{38} + \frac{49}{33} + \frac{49}{57}$$

$$= 2.23 + 1.29 + 1.48 + 0.86 = 5.86$$

【ステップ4】有意水準をもとに有意点を設定する

　自由度は (行数−1)×(列数−1)＝(2−1)×(2−1)＝1

　χ^2 分布表より, 自由度1のときに有意水準5％となる有意点を求める。

　有意点は 3.841

【ステップ5】有意点と検定統計量を比較し, どちらの仮説を採択するかを判定する

　この問題では χ^2＝5.86 であった。

　この値と有意点 3.841 を比較してみると,

　　　　$3.841 < \chi^2$

　よって, H_0 を棄却して H_1 を採択する。

【ステップ6】結論を下す

　H_1 を採択したので, 「予防注射の接種とある病気の発病に関連がある」が結論となる。

　具体的な検定結果の記述方法は以下のとおりである。

例：「予防注射の接種とある病気の発病に有意な関連がみられた ($\chi^2(1)$＝5.86, $p < .05$)。」

練習問題6（117頁）の解答

①　ある病気の発病の有無と予防注射の接種の有無について人数の割合をそれぞれ求める（クロス表を以下のような表に作り変えるとわかりやすい）。

ある病気を発病していない（95名）		ある病気を発病した（55名）	
接種した	接種しなかった	接種した	接種しなかった
45÷95＝0.47	50÷95＝0.53	15÷55＝0.27	40÷55＝0.73

小数第三位を四捨五入。

②　予防注射を接種しなかった人に対する接種した人のオッズを求める

ある病気を発病しなかった人	ある病気を発病した人
予防注射を接種しなかった人に対する接種した人のオッズ	
0.47÷0.53＝0.89	0.27÷0.73＝0.37

小数第三位を四捨五入。

　オッズが1を超えると「予防注射を接種しなかった人」よりも「予防注射を接種した人」の方が多いことを示す。いずれのオッズも1を下回っており，「ある病気を発病しなかった人」も「ある病気を発病した人」もともに「予防注射を接種した人」が少ないことがわかる。しかし，「ある病気を発病しなかった人」と「ある病気を発病した人」のオッズを比較すると「ある病気を発病しなかった人」の方がより大きい値（0.89＞0.37）を示している。すなわち，2つのオッズの大小から考えると，ある病気の発病を抑えるために予防注射を接種することの効果が予想できる。

　③　オッズ比を求める

　ある病気を発病した人に対する，ある病気を発病しなかった人の比を求めてみる。

　　　　0.89÷0.37＝2.41（小数第三位を四捨五入）

　④　結論を下す

　オッズ比が1よりも大きい場合は予防注射の接種の効果があり，オッズ比が1よりも小さい場合は予防注射の接種の効果がないと判断する。

　ただし，予防注射の接種の効果について最終的な判断を下すためには，オッズ比の真の値が含まれる95%の信頼区間を求め，その下限値が1よりも大きな値となっていることを確かめる必要がある。計算の過程が複雑なため，ここでは割愛するが，信頼区間の下限値と上限値はそれぞれ，1.17と4.92（小数第三位を四捨五入）となる。

　信頼区間の結果も含めて，予防注射の接種の効果があると考えられる。

第Ⅲ部

質的調査とは

第11章

質的調査の意義と目的

　世の中の様々な現象を解明するために，数値やデータで検討することは有効な方法であるが，同時に，それだけでは解明できないこともある。たとえば，何らかの事情や理由で声をあげられない人や，人の深層部分に秘めている思いというものは，数値やデータでは示すことが難しい。また，人や環境のささいな変化といった現象も，その時点での数値やデータでは表しきれないかもしれないが，実はその後の大きな変化につながることもある。

　そのため，人々の様々な思いに耳を傾けたり，わずかな変化も見逃さないようにしたりすることが大切であり，その有効な方法として，観察法や面接法など質的調査がある。

　本章では，量的調査との比較をもとに，質的調査の意義と目的について学ぶ。

1　質的調査とは何か

（1）質的調査の定義

　質的調査とは，事例研究の積み重ねにより，断片的な事実ではなく総体的な事象として把握する方法である。[1] また，質的データ（数字ではなく，言語によって記述されたデータ）の分析を通して，現象の記述や仮説生成，あるいはモデル生成を目的とする調査方法である。たとえば，インタビューや自由記述式の質問紙，観察記録などがある。ここでのモデルとは，ある現象を説明したり，理解したりするために，いくつかの概念と概念とが結びつけられた図式のことを指す。[2]

　このように，事前に設定している仮説を検証するのではなく，その現象から仮説を生成する際に用いられる方法である。

　また岩永は，特別な体験をした人たちは，その体験の意味を自分なりに解釈し，頭の中にイメージやストーリーを持っていることが多いが，質的調査では，そうしたイメージを自由な形式の質問などによって引き出し，他の被調査者のイメージと重ね合わせたり比較したりすることによって，体験された事象のエッセンスを抽出し，その社会的意味を調査者，観察者の主観を通して解釈すると述べている。また，少数の事例（ケース）について，多数の側面を全体的に把握し，洞察的に普遍化して解釈するのが質的調査であるとつけ加えている。

（2）質的調査と量的調査の違い

　質的調査と量的調査（本書第6章参照）の違いについては，表11-1のとおりである。

　量的調査は，社会事象の様々な部分や側面を細かく数値化し，社会事象の現状を分析したり，事前に設定している仮説が支持されるか，支持されないかを検討したりする。一方の質的調査は，ある特異な社会事象を体験している（した）少数の標本の主観あるいは評価を通して，その社会事象の妥当な「イメージ」を見出すものである。

表11-1　質的調査と量的調査の主な違い

	質的調査	量的調査
標　本	特定の意図をもって選ばれた少数の標本	広い範囲から無作為に得られた多数の標本
調査方法	非定型的で複合的な内容の質問項目	定型的かつ一つひとつが単純な内容の多数の質問項目
結　果	主として文章の形で得られる	主として数量的に得られる

　出所：岩永雅也（2001）「調査の類型」岩永雅也・大塚雄作・髙橋一男編『社会調査の基礎』財団法人放送大学教育振興会，31〜32頁より抜粋，筆者一部改変。

　また，質的調査と量的調査の長所についても表11-2にまとめておく。

　質的調査では，被調査者の深層的な部分に迫ることができ，また，様々な角度から被調査者をとらえることができる。さらに，時間軸（過去－現在－未来）

にそって質問を行い，図式化することによって，その状況の変化や因果関係など，被調査者を取り巻く全体像を概観することも可能である。

さらに，質的調査と量的調査の短所についても表11-3にまとめておく。

表11-2　質的調査と量的調査の長所

質的調査	量的調査
• 被調査者の体験を調査者が追体験することにより，その行為や事象の深層まで理解することができる。 • 単純化された画一的な質問を用いないため，事象を多元的総合的に把握できる。 • 時間を遡り，順を追って尋ねることができるため，変化のプロセスと因果を動態的に把握できる。	• 実施方法が定型的であるため，比較的安価に多量の標本を調査することができる。 • 他の調査との結果の比較や追試（同じ調査を後で他の標本にしてみること）が容易である。 • 結果が数量的に得られるため，統計的処理が容易である。 • 標本抽出法が正しければ，標本の調査結果から全体の統計量を理論的に推定できる。

出所：表11-1と同じ，30〜31頁より抜粋。

表11-3　質的調査と量的調査の短所

質的調査	量的調査
• 母集団に対する調査対象者の代表性を理論的に検討できない。 • 調査の成否が調査者の能力や性格に左右される。 • 反復して同様の調査をしても，結果の比較は困難である。	• 個々の質問を画一化するため，深い内容や全体関連的な内容の質問がしにくい。 • 調査結果を体系的に把握しにくい。 • 調査した事象の主観的意味を洞察しにくい。

出所：表11-1と同じ，31〜32頁より抜粋。

　質的調査では，少数の調査対象者であることが多く，偏りのある回答が得られる可能性や，それを調査者が分析する際に主観的になりやすいことからも，導かれた理論を一般化する（導かれた理論が世間に通用するものとしてとらえ，広く公開する）ことが難しいと位置づけられることが多い。また，調査者の知識や技術，力量によっては，調査で得られる情報量や質が異なることもある。

　そのため，各調査者間の知識や技術，力量に差が生じる場合や，調査者の知識や技術，力量が伴っていない場合を避けるためにも，事前に各調査者間による実践的な練習を行ってみたり，インタビューガイド（本章コラム参照）を作成し，用いながら実施したりするなど，事前の準備を怠らないことも大切である。

2　質的調査の意義と目的

　質的調査は，ある人たちによる行動を行為者の観点から観察・分析していくものである。それは，あるがまま自然の状態を見つめ，調査対象者の内面に入り込み，より豊かな情報を集めるものである。そこでは，一般化することは難しいものの，生き生きとした動的な状況をとらえる豊かな事例が収集される。質的調査は，そうした事例の丹念な積み重ねから新しい発見や理念が生まれる，という帰納的（本書第5章第2節第2項参照）な理論構築の基本に位置づけられている[5]。

　このように，質的調査では，観察法や面接法を通して，被調査者の生活の様子や抱える思いを自由に語り，その息づかいを感じられるのが特徴である。このように，動態的なデータは，数値で検討する量的調査とは違い，そのような環境下に置かれていない，あるいは経験したことがない人たちに対して，よりイメージが描かれやすく，インパクトを与えたり，理解を促したりすることにもつながる。

　また立石は，質的調査について[6]，観察法や面接法などを通じて，調査者は調査対象者と密接な接点を有するため，入手する情報量は質問紙を用いた調査に比べて多くなるとしている。一方で，比較的少数の調査対象者数になることや，調査者の主観による分析となるため，新たな研究分野の基礎データを収集するときに用いられるとも述べている。

　したがって，質的調査は，少数の調査対象者であり，調査者の主観による分析に陥りやすいことからも，世の中の事象にあてはまるものとして広めるというよりは，基礎的資料の一つとして収集する目的で用いられることが多い。また，その資料は，その後の質問紙調査を作成するための理論的な裏づけになることもある。

注

(1) 立石宏昭 (2010)『社会福祉調査のすすめ——実践のための方法論 (第2版)』ミネルヴァ書房。

(2) 田垣正晋 (2009)「質的調査の方法」社会福祉士養成講座編集委員会編『新・社会福祉士養成講座5　社会調査の基礎』中央法規出版，86〜128頁。

(3) 岩永雅也 (2001)「調査の類型」岩永雅也・大塚雄作・髙橋一男編『社会調査の基礎』財団法人放送大学教育振興会，24〜38頁。

(4) (3)と同じ。

(5) 石田路子 (2009)『社会調査の基礎』久美。

(6) (1)と同じ。

学習課題

① 質的調査の種類について調べてみよう。

② 量的調査との違いもふまえて，質的調査の意義についてまとめてみよう。

コラム　インタビューガイドを作成してみよう

　近年，面接法によりインタビューを実施する際に，インタビューガイドを作成して用いる研究者が増えてきている。また，学会や学会誌で研究成果を発表したり，論文を掲載する際にも，「インタビューガイドを用いてインタビューを実施した」と口頭で説明したり，文章として記載しているケースもみられるようになった。

　作成する意義としては，調査者が描いている流れどおりにインタビューが進まないことや，示されている手順を踏むことで，重要な事項を伝え忘れたり，伝え間違えたりすることも回避できることがある。さらには，各調査者間の技術や力量が少しでも揃うことも期待できるものといえる。

　では，インタビューガイドでは何を示しておくのだろうか。下記に例を示しておく。

---

(1)　インタビュー調査前
- 研究目的や研究方法，倫理的配慮等の研究協力依頼文の説明後，同意を得られたら，同意書の手続きや，同意撤回書の説明も行う。
- IC レコーダーの録音状況もチェックする。

(2)　インタビュー調査開始時に関する留意点
- 全体的な流れを調査対象者に説明したり，終了可能時間も事前に確認する。

(3)　インタビュー調査中に関する留意点
- 既定の質問にそって進めていくが，回答から派生した独自の質問を訊く際には，下記の点に留意する。
  ①　開かれた質問を有効に活用する。
  ②　現在，過去，未来の流れで質問を訊く。
  ③　「意見」を訊く前に，その「経験」を訊く。
  ④　中立的な質問の訊き方をする。
  ⑤　一回の質問に一つのことを訊く。
  ⑥　「なぜ？」「どうして？」という訊き方は避ける。
  →質問する対象を絞る
  ⑦　（被調査者が回答に困っている場合）「促しの言葉」を活用する。
  →質問に追加の内容（例示など）を補足しながら，再度，質問する。
  ⑧　（話題を変える場合）次の質問の前に前置きの内容を入れる。
  →「では，○○の頃のお話はこのあたりで終えまして，ここからは△△の頃のお話をうかがいたいと思います」

(4)　インタビュー調査後
- 今回のインタビュー内容の中で研究に活用してほしくない箇所を確認する。
- （謝礼を渡すのであれば）謝礼や受領証の手続きを行う。

(5)　その他

出所：筆者作成。

第 12 章

観察法と面接法

　私たちが日常的に関わる人とのやりとりの中で，共通の話題や会話のテンポが合うために話しやすい人もいれば，様々な価値観が異なり，話題の共通点がないために話しにくいという人もいる。

　そしてそれが「調査」という形式になると，対相手との相性の程度によって，得られるデータや情報の量や質が異なることが予想されることからも，合う・合わないに関係なく，どの調査対象者に対しても対応を統一しておく必要がある。また，調査者間でもそれぞれの持つ知識や技術，力量に差が生じすぎると，すべてのデータを揃えて分析することが困難にもなる。

　本章では，観察法や面接法の概要と，それに伴う倫理的配慮の必要性について学ぶ。

1　観察法

（1）観察法とは

　観察法とは，調査対象者の言葉や表情，行動を観察したデータや記録から，調査目的に応じて分析する方法である。

　観察法の長所と短所は，表12-1のとおりである。

　観察法は，普段の生活のなかから必要とするデータを収集するため，調査対象者の言語的行動に加えて，非言語的行動も注意深く観察することが求められる。しかし，調査の限界として，観察場面の制限やプライバシーの問題から，調査対象者がかなり限定されることが多いのも観察法の特徴である。(1)

表12-1　観察法の長所と短所

長所	・言語表現が困難な可能性のある者，たとえば，乳幼児や障害者なども調査対象者として可能になる。 ・調査対象者に対して直接，質問することが困難な内容について，観察から情報を得られる可能性がある。 ・調査対象者を取り巻く環境の変化と調査対象者の変化との関係性を継続して把握することができる。 ・調査対象者の全体像を把握するうえでは，有効な方法である。
短所	・調査対象者の目に見えるデータや情報を得ることは可能であるが，時間をかけて，調査対象者の内面的なものを把握することは困難である。 ・調査者の観察能力は，調査者の資質や経験値に影響されやすく，その程度によって，収集できるデータや情報に差が生じる。 ・調査者が調査対象者との適切な距離感を維持できなければ，収集できるデータや情報の客観性を保つことが難しくなる。

出所：高島秀樹（1997）『社会調査——社会学の科学的研究方法』明星大学出版部，143〜144頁より抜粋，筆者一部改変。

（2）観察法の種類

①　統制的観察法

　統制的観察法とは，観察方法や調査内容について事前に決め，それにそってデータを収集する方法である。「統制」という言葉からもわかるように，観察方法が自由なものでなく，決められた手順を用いて観察できるように標準化していることを意味している。統制的観察法の長所と短所は，表12-2のとおりである。

表12-2　統制的観察法の長所と短所

長所	・観察法の中でも，決められた手順にそって観察できることから，観察結果の客観性を確保しやすい。 ・意図した場面で意図した事柄を観察するため，観察結果を数量化して把握することが可能となる。
短所	・統制の程度が高まると，統制された条件以外の場面について観察することが困難になり，事象を見逃す危険性が増大する。

出所：表12-1と同じ，146頁より抜粋。

② 非統制的観察法

　非統制的観察法とは，観察方法や調査内容について事前に決めることなく，その場の状況に応じてデータを収集する方法である。なお，非統制的観察法は，参与観察法と非参与観察法という2つの観察法に分けられる。

　参与観察法とは，調査者自身が調査対象者の一員となり，活動に参加し，調査対象者と直接，コミュニケーションを図りながら，調査対象者の言葉や表情，行動を観察する方法である。参与観察法の長所と短所は，表12-3のとおりである。

表12-3　参与観察法の長所と短所

長所	・調査対象者への観察の機会が増え，活動や生活をともにするからこそ得られるデータや情報量も多くなる。 ・調査対象者の言動の意味について，想像ではなく，洞察できる環境を確保できる。
短所	・調査対象者が生活している環境や集団で，調査者が一定の地位や役割を持つようになると，調査者が経験の範囲や観察の機会が狭まるおそれがある。 ・調査者が調査対象者と適度な距離感が保てなくなると，観察の客観性が失われる可能性が生じやすくなる。 ・調査者が参加することによって，調査対象者の本来のあり方（データや情報）に影響を及ぼすことがある。

出所：表12-1と同じ，149頁より抜粋。

　表12-3の短所にも示されているように，調査対象者に直接，関わるうえで留意しなければならないことがある。

　それは，調査者は，調査目的を念頭に調査対象者に関わることを忘れないようにすることと，調査者の存在が調査対象者から得られるデータや情報に影響を与えないようにすることである。調査者は調査対象者との信頼関係を構築したほうが，調査対象者の本音や潜在化された思いに関するデータは得られやすくなる。しかし，その一方で，適度な距離感を意識しながら，調査対象者に関わるようにしなければ，調査対象者へ感情移入してしまい，観察の客観性を保つことが難しくなったり，調査者の存在や影響力が，調査対象者の本質や特性，環境を変化させたりするなど，データ収集や分析に影響を与えるおそれがある。そのため，調査者は，調査対象者の輪の中に溶け込むことも大切であるが，俯

瞰で状況を把握する視点も同時に持ち合わせておくことが大切になる。

　なお，調査対象者への関わり方の程度によって，表12-4のように分類される。これらの分類は，調査の途中で変更することも可能である。

表12-4　調査対象者への関わり方の程度による分類

完全な観察者：観察に徹している 参加者としての観察者：活動に参加するが，観察に重点を置いている 観察者としての参加者：観察もするが，参加に重点を置いている 完全な参加者：参加に徹している

出所：筆者作成。

　一方の非参与観察法とは，調査対象者に観察されていることを意識させないように，マジックミラーなどを用いて，調査者が調査対象者の生活環境の外部から，調査対象者の言葉や表情，行動を観察する方法である。非参与観察法の長所と短所は，表12-5のとおりである。

表12-5　非参与観察法の長所と短所

長所	・調査者が自分の置かれている立場や状況に影響されることなく，客観的に観察することができる。 ・短期間でも観察できるなど，調査者の持つ条件に合わせて観察することができる。 ・調査者が参加することが困難な集団などの調査対象者に対しても観察することができる。
短所	・外部からの観察でしか得られないデータや情報になる。 ・部分的な観察にとどまり，全体的文脈の把握が困難である。

出所：表12-1と同じ，149～150頁より抜粋。

2　面接法

（1）面接法とは

　表12-1で観察法の短所について示しているように，観察法は，調査対象者の目に見えるデータや情報を得ることは可能であるが，時間をかけて，調査対象者の内面的なものを把握することは困難である。

　この観察法の短所を補うことができるのが，面接法となる。面接法は，調査者が調査対象者と対面し，会話をしながらデータや情報を収集・記録し，分析

する方法である。特に，調査対象者との会話内容だけでなく，表情や姿勢，会話のスピードや声の大小，沈黙の長さなど，それ以外の状況についても詳細に記録し，分析することが望まれる。

　このように，面接法は，調査対象者と会話を通じて向き合うため，収集できるデータは膨大となるが，調査者の主観的な分析になることが多い。そのため，少しでも客観的な分析に近づけられるような手法を身につけておく必要がある（本書第13章参照）。

　また，調査者が複数名で調査を実施する場合には，調査者間で，調査に対する共通理解を図ることや，面接法に対する知識や技術，力量の差を可能な限り埋め合わせておくことが求められる。

　したがって，面接法による本格的な調査が実施される前に，調査者間で，ロールプレイなどを用いて面接法の練習を行い，互いに評価し合ったり，調査当日の面接の進め方に関するマニュアル（本書第11章コラム「インタビューガイド」参照）を作成しておいたりすることも求められる。インタビューガイドがあることで，調査者が必ず説明しなければならない事項を伝え忘れることが回避できたり，調査対象者の話が脱線した場合への適切な対応も図りやすくなったりするなど，限られた時間の中で面接を実践するうえでの様々な効果が期待できる。

　面接法の長所と短所は，表12-6のとおりである。なお，面接法は，構造化面接，非構造化面接，半構造化面接という3つの面接法に分けられる。

（2）面接法の種類

①　構造化面接法

　構造化面接法（統制的面接法）は，事前に決められた質問の方法や内容にしたがって面接にのぞむ方法である。調査対象者からの返答内容や反応によって，面接の進め方を変えるのではなく，同一の手順で同一の質問を行いながら面接を進めていく方法である。構造化面接法の長所と短所は，表12-7のとおりである。

表12-6　面接法の長所と短所

長所	・観察法でも得られる調査対象者の言動について，その背景や意味など，目には見えない内に秘めている思いや事柄についても質問し，明らかにしていくことが可能である。
	・調査者と調査対象者が直接，対面して，質問と回答のやりとりを行い，相手の反応を見ながら，さらに質問や説明を補うことによって，複雑な質問も可能となる。
	・きわめて個人的な経験や，特定の個人だけが持っている情報などについても知ることが可能である。
	・質問紙調査の実施が困難な調査対象者，たとえば，子どもや高齢者などに対しても調査を実施することが可能である。
長所	・調査者の知識や技術，力量の程度が，調査結果に大きく反映されやすくなる。
	・調査者が一人もしくは少数の場合，より多くの調査対象者数を確保することが難しくなる。
	・調査者と調査対象者が直接，対面しているために，調査対象者が内容によってはかえって回答しにくいこともある。

出所：表12-1と同じ，154頁より抜粋。

表12-7　構造化面接法の長所と短所

長所	・同一の質問内容で進めるために，調査対象者から得られた回答や情報は，均一化されることが多く，統計的に処理しやすい。
	・同一の手順かつ同一の質問内容で進めるために，調査対象者から得られた回答や情報の質や量が，調査者の知識や技術，力量に左右されにくい。
	・同一の手順かつ同一の質問内容で進めるために，複数の調査対象者間の調査結果の比較が行いやすい。
短所	・決められた質問以外の質問ができないことから，調査対象者の深層部分への調査が困難になる。
	・決められた質問以外の質問ができないことから，新しい事実や課題を発見する可能性が低い。

出所：表12-1と同じ，158頁より抜粋，および立石宏昭（2010）『社会福祉調査のすすめ——実践のための方法論（第2版）』ミネルヴァ書房，28頁より抜粋，筆者一部改変。

②　非構造化面接法

　非構造化面接法（非統制的面接法，自由面接法）は，大まかな質問項目は決めておくが，それ以外は事前に設定することなく，調査者と調査対象者の自然な会話のなかから情報を収集する方法である。

　非構造化面接法の長所と短所は，表12-8のとおりである。

表 12 - 8　非構造化面接法の長所と短所

長所	・自由に質問し回答してもらうことから，調査対象者の生き生きとした発言や情報が収集されるだけでなく，新しい事実や課題を発見する可能性が高い。 ・調査対象者の内容や課題を広く見渡す（概観する）際に役立つため，課題発見型の研究として用いられやすい。
短所	・自由に質問し回答してもらうことから，同質的な面接を行うことが困難であり，調査対象者間の調査結果の比較や統計的な処理を行うには適していない。 ・事前に細かく決められた質問項目がないことからも，調査者と調査対象者との信頼関係の程度や，調査者の知識や技術，力量によって，調査対象者からの回答や情報の質や量に差が生じやすい。

出所：表 12 - 1 と同じ，157頁より抜粋。

③　半構造化面接法

　半構造化面接法（半統制的面接法）とは，構造化面接法と非構造化面接法の中間に位置する方法である。そのため，半構造化面接法は，構造化面接法と非構造化面接法の長所を活かしながら，両者の短所を改善した方法である。

　実は，面接法において調査を行う場合，半構造化面接法の手法を用いることが多い。具体的には，質問は事前に準備していたとしても，詳細については，調査対象者との面接の中で臨機応変に対応するため，非構造化面接法と同様に，調査者の知識や技術，力量の程度により，情報やデータの収集に差が生じやすくなる。したがって，どの程度まで，非構造化面接法を取り入れるのかについて，調査者間で共有しておかないと，混乱につながるおそれがある。

（3）個別面接と集団面接

①　個別面接

　個別面接は，1 対 1 の面接であり，調査者と調査対象者が対面して調査を行う方法である。ただし，必ずしも 1 対 1 である必要はなく，調査対象者の回答が容易になるのであれば，他者の介入や代弁も可能である。また，面接室という密閉された場所で実施しなくとも，調査対象者にとって最も適切な環境下で行うことが有意義な面接となる[(2)]。

　個別面接の長所と短所は，表 12 - 9 のとおりである。

表12-9　個別面接の長所と短所

長所	・調査対象者と時間をかけて面接したいときに効果的である。 ・調査対象者が他者に知られたくない情報を話さなければならないような質問や個人的な質問も行いやすい。
短所	・調査者と調査対象者が初対面の場合，あるいは関係性（教員と学生，先輩と後輩）によっては，調査対象者が緊張してしまい，意見を自由に話しにくくなる可能性がある。 ・調査者と調査対象者との信頼関係や調査者の面接技術の程度によっては，表面的な面接に終わりやすくなる。

出所：筆者作成。

②　集団面接

　集団面接は，数名の調査対象者に対して，意見交換や討議を交えながら調査を行う方法である。集団面接の長所と短所は，表12-10のとおりである。

表12-10　集団面接の長所と短所

長所	・調査者の目や質問が複数の調査対象者に向けられることから，調査対象者の緊張の程度が緩和されやすい。 ・他の調査対象者からの発言を受け，一人では思いつかないような意見を思いつき，発信することができる。
短所	・個々の調査対象者との面接時間が限られることになる。 ・調査対象者が他者に知られたくない情報を話さなければならないような質問や個人的な質問をすることは原則，行うことができない。 ・他の調査対象者からの発言力や影響力によって，その場の空気感や討議の方向性が思わぬ方向に変わることがある。

出所：筆者作成。

　表12-10の集団面接の長所と短所に示されているように，良くも悪くも，他の調査対象者からの発言力や影響力によって，その場の雰囲気や方向性が左右されるものといえる。そのため，調査者は，①集団内の個人の意見が全体の意見にむかないように，②すべての調査対象者が発言できるように誘引するなど，高度な技術が要求される。いずれにせよ，集団面接は，集団との信頼関係を構築したうえで行わなければ，集団であるがゆえの相乗効果から得られる情報収集が少なくなる[3]。

　その集団面接の一例として挙げられるのが，フォーカス・グループ・インタ

ビュー（詳細は本書第13章第1節第4項参照）である。フォーカス・グループ・インタビューは，共通の経験や特徴をもつ調査対象者が集まり，調査が行われる方法である。調査対象者の自由な発言や意見から，様々な意見を幅広く収集することを目的としている。

（4）倫理的配慮

　本節第1項にも示したように，調査対象者の発言だけでなく，そのときの状況もすべてが分析材料となる。したがって，面接時には，録画や録音機材を使用したほうが，より詳細な分析が可能になる。そのためには，調査対象者や関係者に，使用することへの説明を行い，承諾を事前にもらっておくことが必要となる。

　しかし調査前に，録画や録音機材を使用することを伝えれば，調査対象者が本来のありのままの姿を見せにくくなり，自由な発言にも制限がかかりやすくなる可能性がある。すなわち，収集するデータや情報にも影響するおそれがある。それでも，事前に伝えておく必要がある。

　それはなぜか。その理由は，調査者（研究者）としての倫理を遵守する必要があるからである。

　研究者としては，正確かつ客観的なデータや情報を収集できたほうが，より良い研究成果となり，それが社会貢献にもつながりやすくなる。しかし，そのために，調査対象者への人権や配慮を無視するような言動はしてもよいのだろうか。事前に機材使用の説明もなく，事後に「実は……」と説明されたり，あるいは一切の説明もなく，研究成果の公表の段階で，録画や録音の事実を調査対象者が知ったときの心情を想像してみてほしい。

　調査者（研究者）は，独創性のある研究という未知の扉を開くという使命を背負っていることと同時に，そこに協力してくれる人たちの人権や配慮にも留意する姿勢も持ち合わせる必要がある。

注
⑴　立石宏昭（2010）『社会福祉調査のすすめ——実践のための方法論（第 2 版）』ミ
　　ネルヴァ書房。
⑵　⑴と同じ。
⑶　⑴と同じ。

参考文献
岩永雅也（2001）「調査の類型」岩永雅也・大塚雄作・髙橋一男編『社会調査の基礎』
　　財団法人放送大学教育振興会，24〜38頁。

学習課題
①　「観察法」に適している研究とはどのような研究かを具体的に考えてみよう。
②　「質的調査と倫理的配慮」をテーマにまとめてみよう。

第 13 章

質的調査のデータ整理と分析

　第12章の観察法や面接法をはじめ，質的調査を実施すると，膨大なデータや記録を収集することができる。しかし，収集したデータをどのように整理し分析するかによって，研究成果の方向性が大きく変わるのが質的調査の特性である。また，データ整理や分析の際に，調査者の主観的な視点が入り込みやすく，客観性を保つことを念頭に置きながら整理し分析するためには，それぞれの方法の手続きや留意点をよく理解しておく必要がある。それは，整理や分析の際に不可欠な記録についても同様である。

　本章では，質的調査のデータ整理と分析の概要とその際に不可欠な記録の留意点について学ぶ。

1　質的調査のデータ整理と分析

（1）事例研究法

　事例研究法とは，一つの事例，あるいは少数の事例を対象に，調査や面接，観察，文献等を通して，その対象の特性を詳細かつ多面的に，またその対象の現象を個別的かつ全体的に理解する方法である。事例研究法は，個人の事例を大量に収集するのは困難であるが，事例の蓄積から一般化するための本質を導き出すためには有効な方法である[1]。

　そのため，調査対象者への情報量が少ない場合には，何が問題であるかを把握することができないため，得られたデータから，問題の現状を把握したり，規則性や法則性を見出したり，そこから新たな仮説を構築するような目的，す

なわち探索的目的や仮説探索型研究で用いられることが多い。一方で，調査対象者への情報量が多く，そこから推測される問題の関係性や事前に設定しておいた仮説について，得られたデータから検証する目的，すなわち説明的目的や仮説検証型研究として用いられることもある。

　また，質的データや量的データ双方ともに用いることもある。

（2）KJ法

　KJ法とは，開発者である文化人類学者の川喜田二郎の頭文字から名づけられた方法である。

　あるテーマに関する情報や内容が書かれたカードを分類し，見出しをつける作業を繰り返すことで，新たな観点や各要素間の関係性を見出す方法である。主に，あるテーマについて議論を整理したり，そこから仮説を構築したりするときに用いられる。KJ法による図式化例と具体化な手順は，図13-1と表13-1のとおりである。

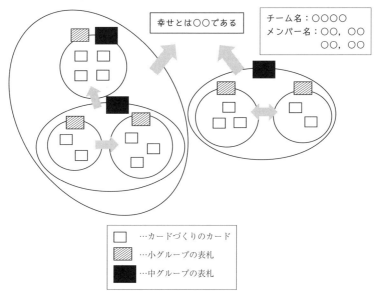

図13-1　KJ法の例（テーマ例「幸せとは何か」）

出所：筆者作成。

表13-1　KJ法の主な手順と内容

手　順	内　容
カードづくり	一枚のカードに一つの内容を記入する（横置き横書きがのぞましい）。カードの裏面に記入者の名前を記入する。
小グループ化	カードを並べて，それぞれのカードに書かれた内容を丹念に読み取る。カードの心に開き，各カードに書かれている言葉の奥を汲み取る。 ※記入者に言葉の意図を直接，たずねてもよい。
	内容や方向性の似たカード同士をチーム内でよく話し合いながら集め，小グループを作る。 ※どこにも属さないカードは無理にどこかのグループに入れないようにする。
表札づくり	集められたカードの小グループにそれぞれ表札（タイトル）として見出しをつける。 ※表札づくりのポイント 　カードの心をぴったりと言い表し言葉の香りを残すようにする。
中・大グループ化	小グループ化と同じ要領で，小グループ同士で中グループを，さらにまとめられそうであれば，中グループ同士で大グループを作る。 ※ここでも，どこにも属さないカードは無理にどこかのグループに入れなくてもよい。
空間配置	束ねられたカードの束を模造紙などの上で空間的に配置する。具体的には，内容の近い束同士を近くに配置したり，「目的と手段」「原因と結果」などのストーリーを話し合いながら束を配置する。
図解化	輪で囲み，線（矢印や線の太さ・細さで表現）で中（大）グループ同士の関係を表示し，全体が姿・形を持った図解となるようにする。
文章化	図解化を参考に，各チームで掲げたメインの表札の解説をするための文章化を行う。 ※文章化のポイント 　話し合ったストーリーにそって，出発点の中（大）グループの表札から順に，その中に貼っている全てのカードに書かれた内容をつなぎ合わせながら，隣の中（大）グループへ移り，同じ要領で進めながら，一筆書きのように書きつらねる。例え話や実例を入れながらストーリーを展開するのも効果的である。

出所：筆者作成。

（3）グラウンデッド・セオリー・アプローチ（GTA）

　グラウンデッド・セオリー・アプローチとは，アメリカの社会学者であるバーニー・グレイザー（B. G. Glaser）とアンセルム・ストラウス（A. L. Strauss）によって提唱され，社会的現象について，データの収集と分析を同時に繰り返すことで，データをもとに構築された理論や仮説を導き出す方法である。

　グラウンデッド・セオリー・アプローチの主な手順と内容は，表13‐2のとおりである。また，軸足コーディングと選択的コーディングの位置づけは，図13‐2のとおりである。

　グラウンデッド・セオリー・アプローチは，質的調査における調査結果から一般化した理論の構築をめざす帰納法の実践である。この方法は，既存の理論が確立していない分野や未熟な概念を検討する方法として，社会福祉領域でも使用されることが多い。[2]

　なお，近年は，修正版グラウンデッド・セオリー・アプローチ（M‐GTA）が用いられるようになってきている。

表 13‐2　グラウンデッド・セオリー・アプローチの主な手順と内容

手　順	内　容
①　テーマの設定	
②　データの収集	・話し手や観察対象を選定する。 ・質問項目や観察項目を設定する。
③　データの整理	・データを読み込む。 ・データを切片化する（データの細分化）。
④　分析 　◆オープンコーディング	・ラベルを作成する。 ・類似したラベル同士を集め，カテゴリーを作成する。 ※切片化したデータから，プロパティ（分析視点）とディメンション（分析視点による内容）を抽出し，それらの視点をもとにラベル名を検討する。
◆軸足コーディング 　　（アクシャルコーディング）	・5W1H（いつ，どこで，誰が，なにを，なぜ，どのように）をもとに，複数のサブカテゴリーを束ねるカテゴリー（現象）を作る。
◆選択的コーディング 　　（セレクティヴコーディング）	・軸足コーディングで作られた現象（カテゴリー）について，調査のテーマである中核の現象（コアカテゴリー）を中心に関連づけていく（相互関係や因果関係）。
⑤　理論化 　◆理論的飽和	・理論的飽和になると，新しいデータを集めて分析しても，これ以上の新しいカテゴリーなどが生まれなくなる。 ・理論的飽和になると，現在の関連図でほぼテーマについて説明することができる。
◆ストリートライト	・得られた理論をもとに報告内容をまとめる。

出所：筆者作成。

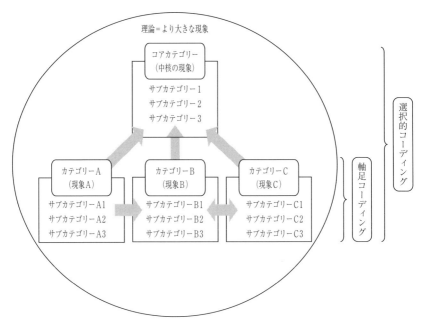

図13-2　軸足コーディングと選択的コーディングの位置づけ
出所：戈木クレイグヒル滋子（2006）『グラウンデッド・セオリー・アプローチ——理論を生み出すまで』
　　　新曜社，13頁より抜粋，筆者一部改変。

（4）フォーカス・グループ・インタビュー

　フォーカス・グループ・インタビューとは，共通の経験や特性を持つ数名程度の人々から構成されるグループに対して，特定の問題やテーマについて，ブレーンストーミング（本章コラム参照）を基本とした意見交換を行い，その相乗効果により，自己も気づかなかった潜在的な意識を相互作用の過程において新たに発見していく方法である。[3]

　そのため，相手が一人だけの場合とは違い，他者の発言を聞いて触発されるというグループダイナミックスを活用して質問に答えてもらう方法である。

　フォーカス・グループ・インタビューの具体的な手順と内容は，表13-3のとおりである。

表13-3　フォーカス・グループ・インタビューの具体的な手順と内容

手　順	内　容
①　目的と意義の明確化	・今回の集まりの目的や意義を説明し，参加者に何を期待しているかを伝える。
②　実施するうえでの留意点の説明	・二人以上が同時に話さない。 ・正しい答えや合意形成は期待していない。 ・参加者全員に発言してもらうように呼びかける。
③　（必要に応じて）調査者からの依頼	・IC レコーダーやビデオカメラを使用する場合は，参加者に事前に説明し，必ず使用の承諾を得る。
④　分　析	・終了後，記憶が新しいうちに分析する。
⑤　評　価	・原則，2 グループ実施し，ほぼ同じような意見や傾向であれば，追加の1 グループは実施しなくてもよい。 ・新たな知見や成果が得られたかを評価する。

出所：筆者作成。

（5）ナラティヴアプローチ

　ナラティヴアプローチとは，クライエント（語り手：調査対象者）が援助者（聞き手：調査者）との対話を通して，自己が支配され，その多くが否定的な物語（ドミナントストーリー）から新たな物語（オルタナティヴストーリー）を生成し，これまで抱えていた問題から決別する方法である。

　ナラティヴアプローチとは，1980年代に，家族療法家であるマイケル・ホワイト（M. White）とデイヴィッド・エプストン（D. Epston）が開発したものである。

　ナラティヴアプローチは，「社会構成主義」の視点を取り入れた方法である。

　社会構成主義とは，物事や状況へのとらえ方は，人々との相互による影響から認知され，形成されるという考え方である。たとえば，「ある映画がおもしろいかどうか」は，「あの映画はとてもおもしろい」「思っていたよりもおもしろくなかった」など，周囲の人々からの言葉や評価によって，その映画への自分のとらえ方が変わってくるという考え方である。

　このような考え方に基づき，新たな物語を導入することで，人生という物語へのとらえ方も変わってくるということが期待されている方法である。

　ナラティヴアプローチの援助過程は，表13-4のとおりである。

表 **13-4**　ナラティヴアプローチの援助過程

段　階	内　容
脱構築	①　援助者は，クライエントの語る物語（ドミナントストーリー）を傾聴する。
	②　援助者による内省的な（クライエントが自らをふり返ることのできる）質問によって，クライエントは問題を外在化（客観視）させる（自分と問題を切り離す）。
再構築	③　援助者は，クライエントとの対話を通して，①とは異なる（ユニークな）結果やエピソードなどを見つけ，クライエントがそこに注目できるように働きかける。
	④　③の新たな気づきをもとに，新たなストーリー（オルタナティヴストーリー）を構築する。

出所：小嶋章吾（2010）「ソーシャルワークの実践モデルと実践アプローチの視点と方法」津田耕一編
『ソーシャルワークの理論と方法Ⅰ』みらい，61頁より抜粋，筆者一部改変。

（6）ライフストーリー

「ライフストーリーは，個人のライフ（人生，生涯，生活，生き方）についての口述（オーラル）の物語である。また，個人のライフに焦点をあわせてその人自身の経験をもとにした語りから，自己の生活世界そして社会や文化の諸相や変動を全体的に読み解こうとする質的調査法の一つ」[4]と桜井は述べている。

　そして，ライフストーリーとは，調査対象者による自由な語りを通して，自らの人生の生き方や過去の経験に対する理解や主観的な意味づけを行っていくことを目標としている。そのため，調査対象者の語りを通して，客観的事実だけでなく，調査対象者がそのときにどのように感じたのかなどの主観的側面にもふれることになる。

　なお，調査者は，調査対象者の語りから得られた内容を第三者に理解しやすいように，テーマごとに整理したり，時系列的に内容を並び替えたりすることもある。

（7）エスノグラフィー

　エスノグラフィーとは，本来，文化人類学や社会学において，ある集団や社会における行動様式を観察やインタビューを通して記録・分析し，質的に記述する方法である。その記録方法としては，言語的に記述すること以外にも，写真や動画，音声などによるものも含まれている。なお，エスノは「民族」，グ

ラフィーは「記述」を指し，「民族誌」と訳されている。ここでの「民族」とは，「特定の領域において共有されている価値規範や行動様式⁽⁵⁾」を指している。

エスノグラフィーで大切なことは，異文化やある特定の生活を営む人々の生活に自ら入り込み，コミュニティや人々の生活圏内の内側から理解することにある。それによって，外部からの観察であれば，調査対象者への先入観を持ちがちになったり，暗黙の了解で進められていることに気づけなかったりすることがあるが，それが回避されやすいものといえる。一方で，人々の生活に入り込みすぎると，それまでの人間関係や環境に影響を及ぼすことにもなるため，適度な距離感を保つことが求められる。近年では，ビジネスシーンでもよく用いられる手法となっている。

（8）アクション・リサーチ

アクション・リサーチとは，問題解決を図るために，調査者と調査対象者とが協働して調査や実践を進め，その効果を観察し評価する方法であり，「社会心理学の父」と呼ばれたクルト・レヴィン（K. Levin）によって提唱された。

アクション・リサーチにおけるプロセスは，表13-5のとおりである。

アクション・リサーチは，たとえば，「計画→実践→観察→ふり返り→修正

表13-5　アクション・リサーチにおけるプロセス

段　階	内　容
計画（Planning） ◆問題の明確化 ◆予備調査 ◆計画立て	課題や問題点の絞り込み 実態調査と文献研究 予備調査をもとに仮説の設定と問題解決への対策の検討
実践（Action）	計画した内容の実践
観察（Observation）	実践内容の有効性と仮説の検証 観察時のフィールドノートによる記録
ふり返り（Reflection）	観察から得られたデータのふり返りと評価
修正（Revision）	改善点があればその修正とそれを反映した調査の継続
適用（Application）	今回の成果を他の事例にも適用可能かを視野に入れた調査の実施とその効果や課題の検討

出所：筆者作成。

→実践……」のように，各段階を踏みながら循環するのが特徴である。

　なお，原則，参与観察など質的調査により行われることが一般的であるが，必要に応じて量的調査を用いることもある。

（9）ソシオグラム

　ソシオグラムは，組織や集団の構成員同士の選択や拒否関係を図示化して，小集団における人間関係の構造を明らかにするためのものである。個人を円で示し，構成員同士の関係性を実線や点線，矢印で図示する。

　精神分析家であるヤコブ・モレノ（J. L. Moreno）が構成員間の心理的関係性を測定するために開発したソシオメトリック・テストにより明らかにされた関係性を図示化したものがソシオグラムである。

（10）会話分析

　会話分析は，会話内容だけでなく，会話の形式や文脈の流れ，視線や表情，身振りなどの非言語も含めた情報を収集して分析する方法である。会話は，実は秩序立てて組織化されたものであることからも，人々がどのような相互行為を通して，会話を展開しているのかを明らかにする方法である。

　なお，会話分析では，エスノメソドロジー（社会は人々の関わりの中で生まれるものであるととらえた学問）を分析する手法として用いられる。

（11）ドキュメント分析

　ドキュメント分析は，公的機関の統計や文書あるいは新聞や雑誌だけでなく，日記や手記などの個人的記録も分析の対象となる。ドキュメント分析の代表例として，トマスとズナニエツキの『ヨーロッパとアメリカにおけるポーランド農民』（本書第2章第2節第2項②参照）がある。

　なお，文字で記録されたデータを分析する手法として，テキストマイニングが挙げられる。テキストマイニングとは，文章からなるデータを単語や文節で区切り，出現頻度や傾向などを分析する手法であり，大量のテキストデータから規則性を見出すときに効果的である。

（12）トライアンギュレーション

　トライアンギュレーションとは，研究結果の精度（妥当性）を高めるために，一つの現象に関する研究の中で，インタビューやグループ・インタビュー，観察や量的調査というように，研究方法やデータ収集方法，調査者，理論的視点が異なるものを組み合わせて用いる方法である。たとえば，質的研究の結果をもとに量的研究を行う取り組みや，利用者と家族，地域住民，施設・機関それぞれの立場からの意見の収集，調査者とは別の有識者からの助言などが考えられ，より深い議論や考察を導く際に有効である。

（13）ミックス法

　ミックス法とは，観察法や面接法など質的データを収集する方法と，質問紙調査など量的データを収集する方法を組み合わせる方法である。
　双方の強みを活かしながら分析できることが，最大のメリットである。

2　記　録

（1）質的調査の記録

　質的調査の記録は，観察した事柄を詳細に記録し，分析するための基礎資料となるものである。調べたことや聴いたことのみを記録するのではなく，そこから自分が感じたことや考えたことも記録に残しておくことが必要となる。また，数量的なデータを収集する場合には，チェックシートを事前に作っておくと間違いを防ぎやすくなる。⁽⁶⁾
　なお記録は，可能な限り早めにまとめておくようにすることと，5W1Hを意識して明記し，時系列に整理しておくことが求められる。
　面接などから得られたデータは，主に記述的に処理され，統計的に処理されることは少ない。したがって，客観性を重視しながら，記録をまとめることが大切になる。

（2）記録における留意点

　質的調査において，動画や撮影，音声などの情報は，文字化された記録をより正確に分析する際に不可欠なものとなる。しかし，その際には，調査対象者へ事前に説明し，承諾をとる必要がある。また，調査対象者の前で，あるいはある状況の場面でメモをとらないほうがよい場合には，調査後にメモをとるようにする。

　さらに，面接場面で IC レコーダーにより録音した音声データを文字化する作業をテープ起こしというが，会話のありのままを文章化し，それに加えて観察した様子や声や表情などの状態も記録する文体[7]を逐語体という。そのため，言語的内容だけでなく，非言語的内容の記録も忘れずにつけておくことは，その後の分析をより正確に行えるものといえる。

注
(1)　立石宏昭（2010）『社会福祉調査のすすめ——実践のための方法論（第2版）』ミネルヴァ書房。

(2)　(1)と同じ。

(3)　(1)と同じ。

(4)　桜井厚（2012）『ライフストーリー論』弘文堂。

(5)　田垣正晋（2009）「質的調査の方法」社会福祉士養成講座編集委員会編『新・社会福祉士養成講座5　社会調査の基礎』中央法規出版，86〜128頁。

(6)　石田路子（2009）『社会調査の基礎』久美。

(7)　阪田憲二郎（2010）「ソーシャルワークにおける記録の意味と方法」大和三重編『ソーシャルワークの理論と方法Ⅱ』みらい，61〜75頁。

参考文献
寺下貴美（2011）「第7回　質的研究方法論〜質的データを科学的に分析するために〜」『日本放射線技術学会雑誌』67(4)，413〜417頁。

学習課題
①　質的調査が行われている文献や調査報告書，論文を一つ探し，調査者がデータをどのように整理し分析しているかを考えてみよう。
②　質的調査を実施する際の記録の意義と留意点についてまとめてみよう。

～～～～ コラム　ブレーンストーミングを用いたゲームをやってみよう ～～～～

　ブレーンストーミングとは，「頭の中で嵐が巻き起こった」という意味を指している。すなわち，「頭の中で思いついたことを次々出していき，すべて出し尽くしたとき，頭の中は嵐で事物がすべて吹き飛ばされたように何もなくなってしまうような，そんな作業」(石田路子，2009『社会調査の基礎』久美) のことである。

　そのためブレーンストーミングでは，参加者に以下の4原則を守ることが求められる。

①	批判厳禁：相手の発言を批判せずに，傾聴・受容・共感の姿勢をもつように互いに意識する
②	自由奔放：テーマによっては，子ども心や遊び心も取り入れる 　　　　　自由に発言できる雰囲気づくりが大切である
③	質より量：とにかくどんどんアイデアを出す 　　　　　数で勝負する（時間を制限すると効果的）
④	便乗歓迎：他の人の意見から触発を受け，その意見に少しアイデアを足したような意見も歓迎する

　なお，初対面同士の出会いや新しいクラスの初日など，互いに緊張している場面である「氷（アイス）」を「壊す（ブレイク）」，すなわち「アイスブレイク」することで，互いの緊張感が和らぎ，その後の活動も効果的なものになることが期待できる。その際に用いられる有効なものとして，ブレーンストーミングが挙げられる。

　たとえば，テーマを決め（テーマ例：「友だちを作る方法」「青い色から連想されるもの」など），制限時間内でチーム対抗により，アイデアや思いつくものを挙げ，その数で勝負するゲームを行うと，互いの心理的距離も縮まりやすくなり，チームの結束力も芽生えやすくなる。

～～～～～～～～～～～～～～～～～～～～～～～～～～～～～～～～～～～～

第Ⅳ部

ソーシャルワークにおける評価

第14章

評価の意義と対象

　ある取り組みや活動を展開している際に，目的や目標への達成度や進捗状況を定期的に確認したり，対象者から聞き取りを直接行ったりするなど，様々な手法を用いて，その取り組みや活動の「評価」を実施する場面はよくみられる光景である。それは，取り組みや活動がより効果的なものとなることが期待されているからである。

　では実際に，どのような手続きを経て，評価は実施されているのだろうか。また，ソーシャルワーク実践において，なぜ評価を行う必要があるのだろうか。本章では，ソーシャルワーク実践における評価の意義と評価の対象を中心に学ぶ。

1　ソーシャルワーク実践における評価の意義

（1）PDCA サイクル

　本題に入る前に，まずは PDCA サイクルについて紹介する。

　PDCA サイクルとは，1950年代に，アメリカの統計学者であり「品質管理の父」と呼ばれたエドワーズ・デミング（W. E. Deming）が提唱した品質向上のための手法である。わが国では，製造業を中心に，企業が生産工程や品質管理を改善する場合などに典型的にみられる手法として導入されたが，今日では，製造業だけでなく，サービス業や行政による政策や活動においても広く取り入れられている。PDCA サイクルは，図14－1と表14－1のとおりである。

　PDCA サイクルの大きな特徴は，図14－1のように，結果・評価から見出

図14-1 PDCA サイクル

出所：表14-1と同じ。

表14-1 PDCA サイクルにおける4段階

段　階	内　容
Plan　　（計画）	目標を設定し，それを実現するための過程を設計する。 ※これまでのデータがあれば活用する。
Do　　（実行）	計画を実施し，それによって得られた結果を測定し記録する。
Check　（評価）	実現した結果を当初の目標と比較することによって，目標の達成度合いとその評価を明らかにする。
Act　　（改善）	目標の達成度を高めるため，当初想定していた対応の見直しを行い，改善を図る。

出所：岡部光明（2015）「品質改善の基本手法『PDCA（Plan-Do-Check-Act）サイクルについて』——その有効性向上にとっての2つの核心」『明治学院大学国際学研究』47，115〜125頁より抜粋，筆者一部改変。

された改善内容をもとに計画を見直し，ふたたび実行するなど，循環するように構成されていることである。そのため，その時々の状況に応じて，見直しをかけながら進化していく様子がうかがえる。

（2）ソーシャルワーク実践における評価の位置づけ

前項の PDCA サイクルとソーシャルワーク実践との関係性をみると，表14-2のようになる。

表14-2 PDCA サイクルとソーシャルワーク実践との関係性

PDCA サイクル	ソーシャルワーク実践
Plan　　（計画）	• アセスメント（事前評価） • プランニング（支援計画の作成）
Do　　（実行）	• インターベンション（介入や支援の実施）
Check　（評価）	• モニタリング（経過観察と効果測定） • エバリュエーション（事後評価）
Act　　（改善）	• 再アセスメントや再プランニング

出所：筆者作成。

　ソーシャルワーク実践過程においては，日々，利用者や利用者を取り巻く状況（家族や地域，学校，職場など）が変わる可能性がある。そのため，支援計画を作成し，実施したとしても，定期的に観察や面接，各専門職による記録を通して，状況把握や検討課題がないかを確認したり分析したりすることが，ソーシャルワーカーには求められる。そして，必要に応じて，再度，アセスメントやプランニングを行い，当初のアセスメントやプランニングの見直しを図ることも必要な場合がある。

　ところで，ソーシャルワーク実践における評価については，石川[1]も述べているように，「未だ効果測定の方法や技法の紹介レベルにとどまっており，効果測定の実践レベルまでに到達していない」と述べている。

　また，丸山[2]も，ソーシャルワーク実践現場において効果測定が実施されない理由について，表14-3のようにまとめている。

表14-3　ソーシャルワーク実践現場において効果測定が実施されない理由

①　実践現場における評価は，ソーシャルワーカーの一方的な他者評価が主流であり，クライエントの自己評価と照合しないと客観性に欠ける。
②　評価尺度は一定かつ不変ではなく，時間の経過とともに変化するため，常に修正と変更を余儀なくされる。
③　人間の人格や感情あるいは価値観など内面的なものは計量化になじみにくく，福祉の分野に応用しにくい。
④　福祉実践は，クライエントの全人的な把握をふまえて展開されるが，人間生活の各側面を部分に分解して評価し，それを合体しても全体は見えない。

出所：丸山正三（2019）「ソーシャルワーク実践における効果測定の必要性——医療ソーシャルワーカーに対する経営的数値評価から独立するために」『人間生活学研究』26，9～21頁より抜粋，筆者一部改変。

　このように，ソーシャルワーク実践では，利用者の生活やニーズを数量的に評価することの難しさが予想される。また，わが国では，措置制度との関連から効果測定を対外的に求められなかった背景があり，ソーシャルワークの文化に根づいていないとも考えられる[3]。

（3）ソーシャルワーク実践における評価の重要性

　前項で，ソーシャルワーク実践において，実践的な評価の実施が根づきにくい理由を説明した。では，そもそも，なぜ，ソーシャルワークを展開するうえ

ぐ，実践的な評価が重要になるのだろうか。ソーシャルワーク実践における評価の意義は，表14-4のとおりである。

表14-4　ソーシャルワーク実践における評価の意義

① ソーシャルワーカーは、支援実施前後の効果測定を行うことにより、目標の達成度合いを確認できるためである。
② ソーシャルワーカーによる支援実施前後の効果測定は、ソーシャルワーカーの専門性の向上に活用できるためである。
③ ソーシャルワーカーは、自らの説明責任（アカウンタビリティ）として、支援や取り組みなど実践の有効性を説明する必要があるためである。
④ クライエントにとっても、数値による評価は目に見えて理解しやすいため、積極的に取り組むための動機づけになるためである。

出所：筆者作成。

①については，前項で示したように，ソーシャルワーカーは，支援実施後には定期的なモニタリングを行い，必要に応じて，目標や支援内容の見直しを図ることも必要になる。その決め手になるのが効果測定といった数値や，利用者や関係者からの実際の声や行動といった客観的事実になる。

②について，ソーシャルワーカーは，自らの実践に対する自己評価（主観的評価）だけでなく，効果測定といった客観的評価も取り入れることで，業務を振り返り，それによって，自らの専門性の向上につなげやすいものといえる。

③について，ソーシャルワーカーは，クライエントや自分の所属する組織などの関係者や第三者に対して，自らの説明責任（アカウンタビリティ）として，実践のプロセスとその最終的な結果を公表する必要がある。成果を公表することが実践の有効性を証明し，ソーシャルワーカーとその実践の信頼性を決定的に高めるものといえる。

④について，丸山は，「効果測定は，クライエントにとっても，自身の問題や状況の変化を客観的に確認できる手段となり，支援過程への主体的参加を促進する」と述べている。

（4）根拠に基づく実践（EBP）とナラティヴに基づく実践（NBP）

ここまで，「効果測定」を中心に，ソーシャルワーク実践における評価につ

いて説明してきたが，支援実施前後の状況を調査し，その前後の結果と分析から支援の有効性を検証し，その成果から新たな支援やサービスを必要に応じて見直していくという一連の流れを「根拠に基づく実践（Evidence Based Practice：EBP）」という。根拠に基づく実践は，どの程度の調査対象者数にどの程度の効果がみられたのかを数値で説明できることからも，聞き手からすれば，納得しやすいものといえる。しかし，その主な視点は，集団から得られた「一般論としてのエビデンス」に偏りがちとなる。

　一方で，ナラティヴに基づく実践（Narrative Based Practice：NBP）では，一人ひとりの存在が持つ「多様な物語」は，一般化することこそ困難ではあるが，その人固有の生きざまや強みを見出すことができ，その人を総合的に理解する，すなわち全人的理解を進めるうえで有効な方法である。

　このようにまとめてみると，根拠に基づく実践とは，客観的なエビデンスを重視し，人を平均値や確率でとらえようとするのに対し，ナラティヴに基づく実践では，人を質的にとらえ，その人やその人を取りまく環境との関係性が持つ固有の体験や意味を重視する[6]ということになる。そして，両者は，お互いの足りないところを補い合うような相互補完的関係として用いられることもある。

2　ソーシャルワーク実践に必要な評価の対象

（1）評価の種類

　評価は，一般的に，ストラクチャー（構造）やプロセス（過程），アウトカム（成果）の観点から行われる。

　支援やプログラム実施後の最終的な評価は，アウトカム（成果）で評価されることになる。しかし，なぜ，そのような成果に至ったのかについては，ここまでのプロセス（過程）の評価も必要になると同時に，支援やプログラムなどの施策や事業の基盤であるストラクチャー（構造）の評価も不可欠である。

　その他，支援やプログラムなどの施策や事業によってもたらされた変化（インパクト）を測定するインパクト評価もある。

（2）ストラクチャー（構造）評価

　ストラクチャー評価は，支援やプログラムなどの施策や事業を実施するための仕組みや体制を評価することである。具体的な評価指標の例としては，従事する職員の体制（職種や職員数，職員の資質等）や事業の実施にかかる予算，施設や設備の状況，他機関との連携体制，社会資源の活用状況などが挙げられる。

（3）プロセス（過程）評価

　プロセス評価とは，支援やプログラムなどの施策や事業の目的や目標の達成に向けた過程（手順）とその活動状況を評価することである。具体的な評価指標の例としては，事業の実施過程，すなわち情報収集やアセスメント，問題の分析，目標の設定，支援やプログラムの担い手の態度，記録状況，対象者の満足度などが挙げられる。

　なお，支援やプログラムを実施している過程において，計画で設定された目標，主に短期目標の達成度を評価する点が，次項のアウトカム評価との違いである。

　そして，目標の達成状況が良好でない場合には，良好になるためには何を見直し，改善すればよいのか，また良好でない要因とは何かについて考える必要がある。そのためには，これまでの情報と現在の情報に加えて，記録なども含めて総合的に支援やプログラムを検討することが求められる。

（4）アウトカム（成果）評価

　アウトカム評価とは，支援やプログラムなどの施策や事業の目的や目標の達成度，また成果の数値目標に対する評価のことである。具体的な評価指標の例としては，施策や事業を導入したことによる対象者の変化などが挙げられる。

　アウトカム評価は，支援終結時やプログラム終了時，あるいは大きな節目の段階において，計画で設定された目標，主に長期目標の達成度を評価する際にその効果や成果も評価するが，これがアウトプット（結果）評価との違いである。アウトプット評価は，結果そのものに主眼を置いている。

（5）インパクト（影響）評価

　インパクト評価とは，支援やプログラムなどの施策や事業による結果が対象者にもたらした変化への寄与や影響の程度（インパクト）を精緻に測定し評価することである。

　通常，事業の効果は，事業以外の要因の影響も受けると考えられるため，事業が実施された状況と，仮に事業が実施されていなかった場合の状況を比較することが必要となる。人々の生活が営まれている実践の場面で，このような比較分析を実施することは容易ではないが，データ収集を工夫し，統計学等の手法を用いて評価を行うことで，外部要因の影響を排除し，事業によってもたらされた変化をより正確に把握することが可能になる[7]。

3　ソーシャルワーク実践に必要な評価の枠組み

　前節で述べた各評価をもとに，支援やプログラムの評価を行う基本的な枠組みについて示しておく（図14-2）。

　施策や事業に必要となる資源を用いて事業活動を展開し，その活動から生まれた結果に注目することが多いが，その結果の先にある，変化（効果）や成果を「見える化」することが大切である。

　また，厚生労働省は，「施策や事業を実施したことにより生じた結果（アウトプット）が，成果（アウトカム）に対してどれだけの影響（インパクト）をもたらしたかという関連性を念頭におきつつ，施策や事業の評価を一年ごとに行い，見直しも含めた改善を行うこと」[8]が重要であると述べている。

　PDCAサイクルを活用することで，課題を放置しないことに加え，「何のために，この施策や事業が展開されているのか」を理解することができたり，「この施策や事業は，そもそも本当に必要なのか，あるいは，どうすればより良い効果につながるだろうか」という費用対効果の観点から従事することは，関係者の意識改革にも期待できる。

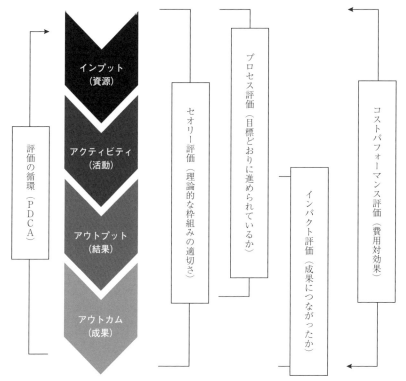

図 14 - 2　支援やプログラムの評価を行う基本的な枠組み

出所：吉江悟・松本佳子（2018）「在宅医療・介護連携推進事業の PDCA サイクルについて」（「平成30年度　厚生労働省　在宅医療・介護連携推進支援事業　在宅医療・介護連携推進事業」「データ分析研修会」）より抜粋，筆者一部改変。

注

(1)　石川久展（2010）「ソーシャルワーク実践における効果測定の技法」『ソーシャルワーク研究』35(4)，294〜302頁。

(2)　丸山正三（2019）「ソーシャルワーク実践における効果測定の必要性——医療ソーシャルワーカーに対する経営的数値評価から独立するために」『人間生活学研究』26，9〜21頁。

(3)　(2)と同じ。

(4)　近藤哲郎（2010）「ソーシャルワークの実践スキル体系（3）実践の評価——West Virginia Project にもとづく教育資源開発の試み」『関西福祉大学社会福祉学部研究紀要』13，59〜68頁。

(5)　(2)と同じ。

⑹　磯邉聡（2016）「教育臨床の現場で科学の知をどう駆動するか──エビデンスと
　　ナラティブをめぐる一考察」『千葉大学教育学部研究紀要』64, 35〜41頁。
⑺　独立行政法人国際協力機構（JICA）評価部（2019）「途上国開発と事業評価〜
　　JICA の事業評価は何を行い，どう役立っているのか〜」。
⑻　厚生労働省（2017）「疾病・事業及び在宅医療に係る医療体制について」（平成29
　　年3月31日通知）。

参考文献

厚生労働省（2007）「標準的な健診・保健指導プログラム（確定版）」。
中山健夫（2015）「エビデンスとナラティブ──これからの医療と看護を考える」『聖
　　路加看護学雑誌』18⑵, 45〜48頁。

学習課題

①　ソーシャルワーク実践において，なぜ評価を実施することが重要なのかについて，
　　まとめてみよう。
②　根拠に基づく実践（EBP）とナラティヴに基づく実践（NBP）それぞれの特徴
　　や違いについて整理してみよう。

~~~ コラム　SDGs（持続可能な開発目標）に注目してみよう ~~~

　SDGs（エスディージーズ：持続可能な開発目標）をご存じだろうか。

　SDGs（Sustainable Development Goals）とは，「2015年9月の国連サミットで採択された『持続可能な開発のための2030アジェンダ』に記載された2030年までに持続可能でよりよい世界を目指す国際目標である」（外務省ホームページ「SDGsとは？」より抜粋）。

　具体的には，持続可能な世界を実現するための17のゴール・169のターゲットから構成され，地球上の「誰一人として取り残さない」ことを誓っていることからも，SDGsは発展途上国のみならず，先進国にも取り組む意義がある。

　わが国においても，「経済・社会・環境の調和を図りながら発展し続けるために，解決されるべき地球規模の課題について，政府・企業・市民など多様な主体による行動が求められている」（神奈川県，2019「SDGs経営実践のための社会的インパクト・マネジメント・ガイド」）。

　なお，神奈川県では，企業がSDGsへの取り組みや活動をより進めやすいように，企業の事業活動がどのようにSDGs（社会課題の解決）につながるのかという道筋（ロジックモデル）を紹介している。

出所：神奈川県（2019）「SDGs経営実践のための社会的インパクト・マネジメント・ガイド実践編」より抜粋，筆者一部改変。

　ロジックモデルを活用することで，最終的な「望ましい社会の状態（最終アウトカム）」に論理的につながるように，複数の「活動による直接的な変化（直接アウトカム）」や，最終アウトカムへ貢献するために「事業活動として必要な達成目標（中間アウトカム）」を整理できる。

　SDGsへの取り組みは，企業の使命である社会貢献の一翼を担うだけでなく，企業内の事業改善にも期待でき，自社の価値や可能性を見直すことにもなる。

~~~~~~

第15章

評価の方法

　ソーシャルワークの実践評価は，実践プロセスの評価と実践結果の評価の2つのタイプに大別できる。さらに評価の対象者は集団と個人に，評価に用いるデータは量的データと質的データに分類することができる。

　本章では，評価のタイプや対象者，データの種類等に即した評価法について学ぶ。まず量的データを用いた代表的な評価法として，集団を対象とした実験計画法について紹介し，次に主に個人を対象としたシングル・システム・デザインを紹介する。さらに，質的研究の評価の質を確保するための方法等について説明する。

1　実験計画法

　実験計画法とは，実験のための計画（デザイン）と，実験時に得られたデータを分析する方法で構成されている（図15-1）。因果関係を特定するためには厳密な実験計画が必要となる。実験と聞くと，研究所や理科室などの無機質な実験室の中で行われている実験（実験室実験）を連想する人もいるかもしれないが，実際の実験は実験室実験だけでない。参加者の日常生活の一部となっている福祉施設や学校，家庭などの実験室外の現場で行う現場実験や自然実験も実験に含まれる。

　実験計画では，実験参加者を各条件にどのように配置するか（参加者内計画か参加者間計画か），要因の数や水準の数をいくつ用意するか，統制群を設けるか等について計画を行う。

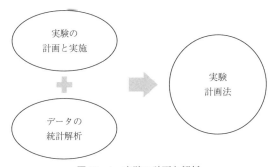

図 15-1　実験の計画と解析

出所：森田浩（2015）『これだけ！実験法』秀和システム。

（1）参加者内計画

　1人の実験参加者が2つ以上の条件の実験を受けることを参加者内計画という。同じ人から複数回のデータを繰り返して測定するため誤差が小さく，統計的検定で有意差が認められやすくなる一方で，順序効果の問題を考慮する必要がある。順序効果とは最初に行った条件Aが後の条件Bの結果に練習効果や疲労などの影響を及ぼすことであり，その問題を解決するためにカウンターバランス（順序効果の影響をなくす）という方法を取る[5]。たとえば，半分の参加者は条件をA→B，残り半分の方はB→Aという順序で行う。このとき，集めた参加者をどの条件に配置するかについては無作為に割り当てられる。これを無作為配置または無作為割り当てという[6][7]。

　参加者内計画の例として，注意力に問題のある参加者20名を集め，条件Aでは個室で課題を1人で行い，また条件Bでは大部屋で課題を集団の中で行い，それぞれの条件での課題成績を比較する。カウンターバランスとして条件A→Bの順序で課題を行う者が10名，残りの10名は条件B→Aで行う（図15-2）。条件Aと条件Bの課題の平均得点を比較し，条件Aの得点が有意に高い場合，注意に問題がある人は集団の中より1人で課題を行ったほうが効果が高いと評価できる。

（2）参加者間計画

　異なる条件（実験群と統制群）に，異なる実験参加者が無作為に割り当てられ，

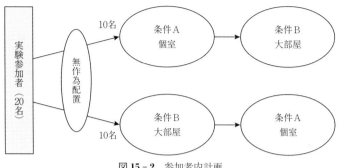

図15-2　参加者内計画
出所：筆者作成。

それぞれが実験を受けることを参加者間計画という。各条件で独立変数を操作するほうを実験群，操作しないほうを統制群という（実験群とは別の操作をする場合もある）。参加者間計画では1人の参加者が一つの条件にしか割り当てられないため，順序効果を考えなくてよい一方で，多数の参加者を集める必要がある。[8][9]

参加者間計画の例として，新しい援助法の効果を検証しようとして参加者を20名集めた場合，実験群では20名のうち10名が新しい援助法を受け，統制群では残りの10名が従来からある標準的な援助法を受けるか，あるいは何も援助を受けないような計画をたてる（図15-3）。このとき，従属変数として，生活の質を測定できる質問紙を使った場合，新しい援助法を受けたグループが標準的な援助法を受けた（あるいは何も援助を受けなかった）グループより，生活の質の得点が有意に高かった場合，新しい援助法の効果があったと評価できる。

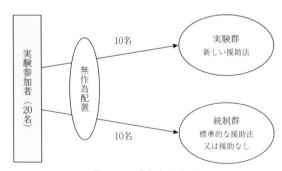

図15-3　参加者間計画
出所：筆者作成。

（3）要因計画法

　操作する独立変数が 2 つ以上の場合，それぞれの独立変数を要因といい，その要因の関係を検証する実験計画法を要因計画法という。また，要因内のカテゴリーを水準という。たとえば，「学年」「サービス利用経験」がそれぞれ要因とするならば，「学年」の水準は「1 年生」「2 年生」「3 年生」，「サービスの利用経験」の水準は「サービスの利用経験あり」「サービスの利用経験なし」などが考えられる。

　要因計画法では交互作用を検討することができる。交互作用とは，ある要因の水準によって，別の要因の効果が異なることである。たとえば，対人不安傾向が高い子どもは個別学習のほうで効果があり，対人不安傾向の低い子どもはグループ学習のほうで効果がみられたとき，交互作用が生じたと考える（図15‐4）。この場合の要因とは学習方法と対人不安傾向であり，学習方法の水準は個別学習とグループ学習，対人不安傾向の水準は高群・低群となる。

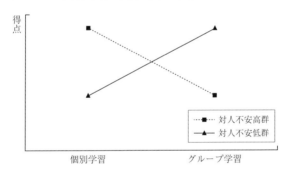

図 15‐4　交互作用

出所：筆者作成。

（4）事前・事後テスト計画

　同一の実験参加者に何らかの介入を行い，介入前後の従属変数の変化量を比較して，その効果を調べる方法を事前・事後テスト計画という。事前・事後テスト計画ではサンプル数等の制約から統制群を設定しない，または実験群と統制群と 2 群を設定した場合でも，参加者を無作為に割り当てないため，厳密な実験とはいえず，準実験といわれている。つまり事前・事後テスト計画では因

果関係を特定することはできない。[12][13]

　事前・事後テスト計画の例として，保護者プログラム実施前に親子関係を測定できる質問紙法などで関係の強さを表す得点を算出し，実施後の同じ質問紙の得点がどのように変化したか得点を比較する（図15-5）。なお，保護者プログラムに参加しないグループを統制群として設けた場合，実験群と統制群のそれぞれの事前テストと事後テストの従属変数の差をもとに，独立変数（親子関係プログラム有無）の効果を評価することができる。

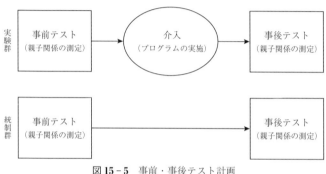

図15-5　事前・事後テスト計画

出所：筆者作成。

2　シングル・システム・デザイン

　ソーシャルワークの現場において，ある程度の規模の集団参加を必要とする実験計画法を用いるのは現実的に難しい。そこで実践現場における個人や家族を対象として，介入の評価を行う際に有効なのが，シングル・システム・デザインである。ここでいうシングルとは単一の個人を指し，システムは家族や地域，小集団などを指す。[14][15]シングル・システム・デザインは，ソーシャルワーク実践のモニターと評価に適しており，事前に設定された目標に到達できたかどうかを判定できる方法である。[16]

　シングル・システム・デザインの評価では，何ら介入を行わないベースライン期（A）と介入を行った介入期（B）との間の従属変数の比較によって行う。[17]

ここで気をつけるべきこととして，ベースライン期ではターゲットとなる問題
行動や症状などの従属変数の数値が安定している必要がある。安定したベース
ライン期とは数値のバラツキが小さく，上昇下降傾向が見られない状態のこと
である。ベースライン期が安定していない状態で介入した場合，介入期の効果
検討が困難になるため注意が必要である[18]。

（1）A-Bデザイン

　まずベースライン期を設定し，その後に介入期へと移る実験計画をA-Bデ
ザインという。ベースライン期と比較して，介入期における従属変数に変化
があった場合，この変化は介入の効果である可能性が高まる[19]。ただし，A-B
デザインでは，介入期に変化が確認されたとしても，原因が介入によるもの
か，成熟や履歴などの時間の経過によるものか特定が難しいという短所があ
る[20][21]。

　A-Bデザインの例として，授業中の離席行動（問題行動）が目立つ1人の児
童に対して，着席している際に先生が声かけする，褒めるなどの注目を与える
という介入を試みる。介入期において離席行動の回数が減少した際，介入の効
果の可能性が示唆される（図15-6）。

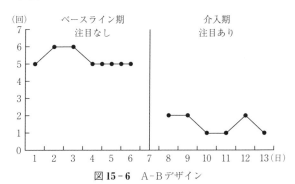

図15-6　A-Bデザイン

出所：筆者作成。

（2）A-B-Aデザイン

　A-Bデザインでは，成熟や履歴の問題があった。A-B-Aデザインでは，

介入期のあとに，ふたたびベースライン期を設定することでA-Bデザインの短所を補っている。A-B-Aデザインでは介入を中止し，従属変数の値が最初のベースライン期の水準まで戻った場合，成熟や履歴の影響ではなく，介入の効果であると評価できる。

　A-Bデザインの例から，着席時に注目するという介入をいったん中止した後，離席行動の回数がふたたび増えた場合，介入の効果であると評価できる（図15-7）。

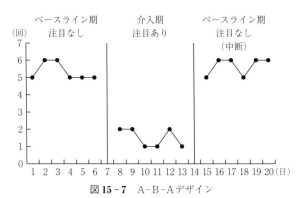

図15-7　A-B-Aデザイン

出所：筆者作成。

（3）A-B-A-Bデザイン

　A-B-Aデザインは方法として優れているが，介入によって問題行動や症状が改善したにもかかわらず，ベースライン期に戻したことによって，問題行動や症状が元の状態のままで終わるという倫理的な問題が残る[22]。そこで，2度目のベースライン期の後，介入期に戻すことで問題行動や症状の改善を図るのがA-B-A-Bデザインである。

　A-B-Aデザインの例から，再度，着席時に注目するという介入を再開すると，離席行動の回数が減り，問題行動が改善された状態で終えることができる（図15-8）。

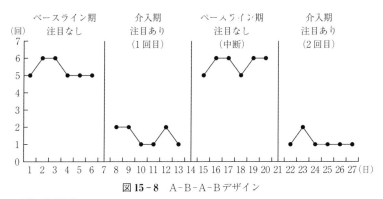

図 15 - 8　Ａ-Ｂ-Ａ-Ｂデザイン
出所：筆者作成。

3　質的研究の評価

　先述した実験計画法やシングル・システム・デザインは主に量的データを用いて介入を評価する方法であり，信頼性や妥当性，一般化できるかが問われる。[23][24]一方，質的研究の評価は量的研究とは異なり，評価基準には様々な見解がある。[25]しかし，日々のソーシャルワークの実践においては，面接記録などの質的データが蓄積されており，そのデータを単なる記録として残しておくだけでは宝の持ち腐れである。面接記録をもとに事例をまとめたりすることで，自らの実践を振り返る良い機会にもなる。さらに，まとめた結果を学会で発表したり，論文にしたり，スーパービジョンを受けたりすることで，第三者からの評価も受けることができる。

　質的データの分析では量的データとは異なり，実践のプロセスや個々のクライエントのリアリティを説明できる利点がある。[26]また，質的研究を用いることによって，実践における新たな仮説を生成したり，従来の理論を発展させたりすることも可能となる。なお，質的研究では結果の説明力を高めるための様々な工夫がなされている。

（1）メンバーチェック

　質的研究では，研究者がデータを恣意的に解釈する可能性が否めない。そこで，メンバーチェックという調査参加者に直接，意見を求める方法を用いて，研究者のデータ解釈の妥当性を評価する。メンバーチェックの際には，調査参加者から「私はこんなことを感じていない」「こんな出来事は起こっていなかった」と言われることもある。もちろん，質的研究では複数の調査参加者の経験を抽象化したものであるがゆえ，個人の経験と完全に一致することはない。よって，調査参加者が説明を受けて，「納得」できる分析結果になっているかどうかが重要である。

　グラウンデッド・セオリーでは，評価の前段階において，コード間の関係やカテゴリー同士の結びつきを図解化し，文章化した後でメンバーチェックを行う場合がある。その時，分析結果との間に矛盾等が生じた場合は，それに対する説明を検討しなければならない。

（2）トライアンギュレーション

　トライアンギュレーションは三角測量法的方法または方法論的複眼ともいわれ，質的研究の評価基準を満たすうえで重要な方法である。トライアンギュレーションでは，複数の調査方法，複数のデータ，複数の研究者，複数の理論を組み合わせることで，質的研究の妥当性を高める。

　たとえば，データのトライアンギュレーションでは，介護施設内で，夏と冬または日中と夜間という異なった時間，エントランスホールと個室，食堂という異なった空間，利用者と家族，職員という異なった人から目的に合ったデータの収集を行う。さらに，方法のトライアンギュレーションとして，面接法と質問紙法，観察法などを組み合わせることも考えられる。

（3）ミックス法（混合研究法）による評価

　ミックス法は混合研究法ともいわれ，観察法や面接法などの質的研究と得点化が可能な質問紙法などの量的研究と組み合わせて，課題をより深く理解するための方法である。ただ量的研究と質的研究を組み合わせるのではなく，2つ

の研究方法を統合することによって，相互作用が生まれることが重要である。ミックス法では実践のプロセスと結果について同じ研究の中で評価できることが強みであり，新規事業の評価方法としても用いられている。ミックス法の質の評価は，質的研究，量的研究，そしてその統合の結果についていかに理にかなった主張を提示することができるかに関わってくる。

　ミックス法の例として，学生のインターネット依存について調べるために，まず質問紙法でインターネットの依存傾向の程度を量的データとして収集し，次に，量的データだけでは明らかにならない質的な部分を補うために面接法を実施し，日頃の生活や家族・友人との関わり，認知の部分などの質的データを収集することが考えられる。

（4）テキストマイニングによる評価分析

　テキストマイニングとはアンケートの自由記述や面接などの記録から意味のある情報や特徴を見出すための分析方法である。また他の質的研究の分析法と異なり，コンピューターを使用して分析を行うため，膨大なデータを処理でき，より客観性と信頼性が高い分析が可能となる。KH Coder などのソフトウェアを用いることで，階層的クラスター分析や共起ネットワーク，対応分析などの様々な分析を行うことが可能になる。

　ここでは，学生の授業評価アンケートから共起ネットワークを用いて分析したものをひとつ紹介する。共起ネットワークでは強い共起関係ほど太い線で，出現数の多い語ほど大きい円で描画される（図 15 - 9）。図から「授業」「学生」という円に注目すると，「授業や先生の話が楽しい」という記述が多いことが視覚的にわかる。

　社会福祉調査における質的研究は信頼性や妥当性，一般化などにおいては議論の余地はあるものの，コンピューターやソフトウェアなどの発展によって，ビッグデータを扱えることが可能となったため，今後ますます活用されることが予想される。公的事業においても質的データを評価指標として活用されており，福祉サービスの利用者に対するインタビューなどから実績を把握する方法も見られるようになった。ここで重要なことは利用者の視点に立った指標を設

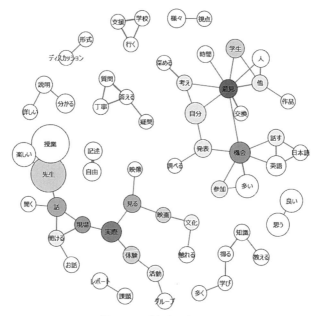

図15-9　共起ネットワーク

出所：越中康治ほか（2015）「テキストマイニングによる授業評価アンケートの分析——共起ネットワークによる自由記述の可視の試み」『宮城教育大学情報処理センター研究紀要』22, 67～74頁。

定し，事業の評価を行っていくことである。多くの視点に立った指標を設定するためには地域住民や支援関係者等との関係作りを日頃から行い，様々な意見をふまえることが必要となる。

注

(1)　近藤哲郎（2009）「ソーシャルワークの実践スキル体系（3）実践の評価——West Virginia Project にもとづく教育資源開発の試み」『社会福祉学部研究紀要』13, 59～68頁。

(2)　下山晴彦・佐藤隆夫・本郷一夫監修／三浦麻子・小島康生・平井啓編（2020）『公認心理師スタンダードテキストシリーズ4　心理学研究法』ミネルヴァ書房。

(3)　高野陽太郎・岡隆編（2004）『心理学研究法——心を見つめる科学のまなざし』有斐閣。

(4)　西村純一・井上俊哉（2016）『これから心理学を学ぶ人のための研究法と統計法』

ナカニシヤ出版。

(5)　(2)と同じ。

(6)　村井潤一郎編（2012）『心理学研究法』サイエンス社。

(7)　(2)と同じ。

(8)　(4)と同じ。

(9)　(2)と同じ。

(10)　(4)と同じ。

(11)　(2)と同じ。

(12)　(6)と同じ。

(13)　日本行動分析学会編（2019）『行動分析学事典』丸善出版。

(14)　平山尚・武田丈・藤井美和（2002）『ソーシャルワーク実践の評価方法──シングル・システム・デザインによる理論と技術』中央法規出版。

(15)　立石宏昭（2010）『社会福祉調査のすすめ──実践のための方法論（第 2 版）』ミネルヴァ書房。

(16)　(14)と同じ。

(17)　(14)と同じ。

(18)　(13)と同じ。

(19)　(4)と同じ。

(20)　(13)と同じ。

(21)　(4)と同じ。

(22)　(4)と同じ。

(23)　グレッグ美鈴・麻原きよみ・横山美江編（2016）『よくわかる質的研究の進め方・まとめ方──看護研究のエキスパートを目指して（第 2 版）』医歯薬出版株式会社。

(24)　波平恵美子（2016）『質的研究 Step by Step──すぐれた論文作成をめざして（第 2 版）』医学書院。

(25)　Corbin, J. & Strauss, A.（2008）*Basic of Qualitative Research : Technique and Procedures Developing Grounded Theory Third Edition*, Sage Publications.（＝2012, 操華子・森岡崇訳『質的研究の基礎』医学書院。）

(26)　遠藤利彦（2013）「『質』と『量』を組み合わせる」『臨床心理学』13(3), 360～364頁。

(27)　(23)と同じ。

(28)　Holloway, I. & Wheeler, S.（2002）*Qualitative Research in Nursing 2nd Edition*, Blackwell Science.（＝2006, 野口美和子監訳『ナースのための質的研究入門──研究方法から論文作成まで（第 2 版）』医学書院）。

(29)　(23)と同じ。

⑳　中嶌洋（2015）『初学者のための質的研究 26 の教え』医学書院。

㉛　能智正博（2011）『臨床心理学をまなぶ 6　質的研究法』東京大学出版。

㉜　㉓と同じ。

㉝　㉚と同じ。

㉞　宮本和彦・梶原隆之・山村豊編（2019）『社会福祉士シリーズ 5　社会調査の基礎（第 4 版）』弘文堂。

㉟　日本混合研究法学会監修／抱井尚子・成田慶一編（2016）『混合研究法への誘い』遠見書房。

㊱　㉟と同じ。

㊲　牛澤賢二（2018）『やってみようテキストマイニング——自由回答アンケートの分析に挑戦！』朝倉書店。

㊳　㉚と同じ。

㊴　越中康治ほか（2015）「テキストマイニングによる授業評価アンケートの分析——共起ネットワークによる自由記述の可視化の試み」『宮城教育大学　情報処理センター研究紀要』22，67〜74頁。

学習課題

①　休み時間に友達の鉛筆や消しゴムを取る児童（小学 2 年生）がいます。その児童に対しての介入方法を考え，その効果を測定するための ABA デザインを考えてみよう。

②　あなたは地域の高齢者の健康寿命を延ばす目的の事業の担当になりました。高齢者の活動量を増やすためのイベントやプログラムを 1 つ考え，その効果をどのように測定すれば良いか考えてみよう。

〜〜〜〜〜　コラム　スケーリングクエスチョンを使った支援の方法の見直し　〜〜〜〜〜

　スケーリングクエスチョンという解決志向アプローチの技法がある。やり方としては
まず「最悪な気分を 0 点とし，最高の気分を10点とするならば，今は何点ぐらいでしょ
うか」と尋ね，過去に聞いた点数との間に差異があれば，その理由から問題解決に向け
た本人の持っている力や使えそうな社会サービスなどを見出していく。この点数を実践
の評価に使用することも可能である。

〈スケーリングクエスチョンの実践例〉

　ある小学生女児Aに関する事例だが，Aはクラスの友達と些細なトラブルで，時々学
校を休んだり，保健室に行ったりすることがあるという。気になった担任は放課後にA
との面談日を週 1 回10分程度設けることにした。Aは面談中に笑ったりすることもあっ
たが，突然何も話さなくなったり，「今日は帰りたい」と言ったりすることが何度か
あった。担任は学校のスクールソーシャルワーカーにこのケースについて相談し，ス
ケーリングクエスチョンという方法を教わり，面談中のAの気分の程度について尋ねる
ことにした。点数が低いときは担任から友達とのトラブルに関する質問が多く，さらに
会話の間が長くなると友達との嫌なことを思い出していることがわかった。一方，点数
が高いときは，会話の中心が趣味や学校生活で努力している点について尋ねてくれてい
るときであることがわかった。

　その後，担任は面談の内容を見直したところ，次第に沈黙も減り，Aは面談中に「帰
りたい」ということも言わなくなった。

〜〜〜

第Ⅴ部

社会福祉調査の実践

第16章

放課後等デイサービスにおける
発達障害児支援に関する実践例

児童福祉の分野においては，児童本人の課題や問題に対して，保護者や学校等の多くの関係者が取り巻く。そのため，支援ニーズも複雑化する傾向があり，より説得力のある客観的な評価を提示する必要がある。また，給付金や助成金等を使った事業を行う場合，資金提供者に対する説明責任も発生する。

筆者は NPO 法人の役員として，主に児童福祉の分野において給付金や助成金を獲得し，事業を展開してきた。その中で，筆者が関わってきた放課後等デイサービスで行った事業における調査として，シングル・システム・デザイン，事前・事後テスト計画，ミックス法を使った各実践例を紹介する。なお，実践例の内容については一部加工している。

1　放課後等デイサービスにおける取り組みと調査

放課後等デイサービスは，2010年の児童福祉法の改正に伴い，障害児支援について見直された際に，障害児通所支援の一つとして出来た事業である。放課後等デイサービスでは，学校に就学している障害児に対して，授業の終了後または休業日に，生活能力の向上のための必要な訓練や社会との交流の促進などを支援する(1)。

事業課題として，「利用する子どもや保護者のニーズは様々で，提供される支援の内容は多種多様であり，支援の質の観点からも大きな開きがある」との指摘があり，Plan（計画），Do（実行），Check（評価），Act（改善）で構成される一連のプロセス（PDCA サイクル）によって常に事業の質の向上が求められ

ている。⁽²⁾

　そのため，実際の利用にあたっては，相談支援事業所等が保護者の支援ニーズやアセスメント結果から作成したサービス等利用計画書をもとに，各事業所の児童発達支援管理責任者が個別支援計画書を作成する。支援開始後は定期的にモニタリング（支援の評価や見直し）が行われる。

2　実践例

（1）個別学習支援におけるシングル・システム・デザインの実践例

　放課後等デイサービスは，療育手帳や精神障害者保健福祉手帳を取得していない場合でも，支援が必要と自治体が判断すれば受給者証が交付され，サービスを利用することが可能になる。文部科学省の調査結果から，一般学級の中にも発達障害の可能性のある児童は6.5％いると報告されており，学習面で問題を抱えている児童も少なくない。⁽³⁾

　事例は小学校3年生の男児Bで，母親からカタカナがなかなか覚えられないという相談であった。Bの発達検査や観察の結果および学校や保護者からの情報をもとに支援計画を立てた。支援の評価方法はA−B−A−Bデザインを用いることにした。発達検査の結果から，言語理解より知覚推理が有意に高いことからも，イラスト入りで文字と対応している教材を使ってカタカナを覚えるという介入を計画した。ベースライン期は日頃から使用している教材を使用した。評価ではA−B−A−Bデザインを計画し，教材で暗記を行った後，10点満点の課題テストを実施した。図16−1から介入の効果があったことが読み取れる。

　この結果をもとに，男児の保護者および担任の先生と今後の家庭や学校での支援方法について協議した。保護者からは「Bに合った勉強のやり方がわかって安心した」，担任からは「学年が上がると，イラスト付きのテキストを探すのは難しいが，できる限り配慮したい」という声が聞かれた。

（2）発達障害児の集団プログラムにおける評価事前・事後テストの実践例

　発達障害がある児童は感情コントロールに課題があるといわれている。抑う

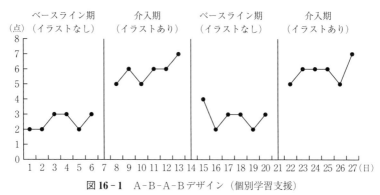

図 16 - 1　Ａ - Ｂ - Ａ - Ｂデザイン（個別学習支援）

出所：筆者作成。

つ感や怒りの感情などが強い場合，保護者自身もその対応に追われ，疲弊している ことも少なくない。また，学校生活や就労等の社会活動にも影響する可能性があることから，感情コントロールは早期に対応すべき課題の一つとして挙げられる。

　その課題を解決するために，地域発達障害者支援センターが中心となって，主に地域の放課後等デイサービスを利用している発達障害またはその可能性のある中高生を対象に，全11回ある感情コントロールの集団プログラムを実施することになった。[4]筆者は分析担当者としてプログラムのチームに加わった。このプログラムは厚生労働省と和歌山県の委託事業であり，2011年度から2013年度にわたって実施され，毎年度プログラム終了時には結果報告書としてまとめ，各事業所と行政機関に提出している。評価方法は事前・事後テスト計画で行い，評価指標の一つとして精神症状と身体症状，社会活動度を測定できる GHQ28 精神健康調査票（The General Health Questionnaire 28）を用いた。

　分析については調査前後の量的データをもとに t 検定を用いて比較した。この調査の結果から，「うつ傾向」や「社会的活動障害」の改善がみられた（表 16 - 1）。

（3）居場所支援におけるミックス法の実践例

　近年，小・中学校において不登校児童生徒数は増加し続けている。その背景

表 16 - 1　GHQ28 精神健康調査　プログラム実施前後の比較

	プログラム実施前			プログラム実施後						
	平均値	標準偏差	n	平均値	標準偏差	n	平均値	標準偏差	t 値	有意確率
身体的症状	.17	1.70	62	1.72	1.80	62	1.54	1.89	0.82	.41
不安と不眠	.43	2.07	62	2.85	2.00	62	2.41	2.11	1.65	.10
社会的活動障害	.40	1.48	62	1.12	1.45	62	.72	1.30	2.13	.03[*]
うつ傾向	.58	1.81	62	1.16	1.97	62	.58	1.38	2.51	.01[*]

[*]p＜.05　[**]p＜.01

出所：山本美和子・武田鉄郎・小山秀之・宇井康介（2017）「発達障害のある又はその可能性のある中高生のための感情コントロールプログラム『和歌山どんまいプログラム』の開発とその効果」『LD 研究』26(3)，27～56頁より筆者一部改変。

として様々な要因が挙げられているが，中には発達障害が背景となっていることも少なくない。一般学級に在籍している発達障害がある児童生徒は学習面や運動面，対人関係等の様々な面において問題を抱えやすく，不登校などの二次障害に発展することも少なくない。ひきこもりの予防においては最も重要なのは居場所支援といわれているが，発達障害がある人は感覚過敏や独特のコミュニケーションスタイルを持ち，その特性に配慮した居場所作りが必要となる。

　そこで，この調査では過去に不登校経験がある発達障害児（a～gの7名）に対して居場所支援を行い，事前・事後テスト計画と事例研究法のミックス法を用いてその効果を測定した。居場所の家具のレイアウトや玩具等については利用児童の意見を参考にした。評価指標として，社会的機能を測定できるsSOFAS（The Structured Scoring System of Social and Occupational Functioning Assessment Scale）を使用した。sSOFAS では，支援者・医師等が「学校・仕事」「交流」「不和」「家族」の4つの領域をそれぞれAからGで評価し（Aが最も得点が高い），社会参加度合いを1点から100点で表す。統計分析はウィルコクソンの符号付順位検定を用いた。その結果，ほとんど児童の社会参加度合いが回復していることが窺えた（図16-2）。

　さらに本調査では，量的データのみではなく，具体的な質的変化を探るため担当支援者や保護者，児童本人からの面接記録等の質的データを用いて考察している（表16-2）。結果，ほとんどの児童が登校しぶりやひきこもり状態に関しては改善し，自ら支援者に相談を希望してくる者も増えた。

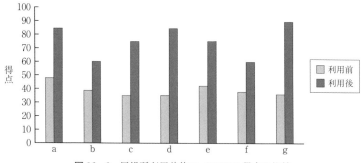

図16-2　居場所利用前後の sSOFAS 得点の比較

出所：小山秀之・前田康宏（2018）「不登校経験を有する発達障害がある児童への福祉心理学
　　　的支援——居場所と放課後等デイサービスの併用によるひきこもり予防」『奈良大学紀
　　　要』46，169〜182頁をもとに筆者作成。

表16-2　居場所利用前後の生活の質的変化

事例	居場所利用前	居場所利用後
a	クラスメイトが騒がしかったり，授業に集中できなかった翌日は学校を休むことが多かった。一度，休み始めると，数日から数週間，自宅にひきこもる傾向があった。教室から飛び出したり，他の生徒の前で癇癪を起こすこともあった。	クラスメイトが騒がしくしても，その場で感情をコントロールできるようになった。連続して学校を休むことがなくなった。進路については児童の興味や特性に合わせて共に考えた。卒業後は，志望した専門学校に進学した。
b	色々，考え始めるとトイレ等に閉じこもったり，学校から飛び出すこともあった。最終的には，高校を休学した。教室では，授業を聞かず，ノートに絵を描いて過ごすことが多かった。友達との関わりも減ってきた。	自分一人で抱え込まず，支援者に自ら連絡し，相談できるようになった。学習支援を受け，高等学校卒業程度認定試験に合格した。その後，高校は中退したが，大学には進学できた。
e	家庭や学校で嫌なことがあると，外出せず，ゲームしたり，アニメを見たりする時間が多かった。中学校時代はほとんど登校できていなかった。高校に進学するも友達を作らず，1人で過ごすことが多く，休みがちであった。	学校への不満はありつつも，安定して登校できるようになった。将来について自ら相談しにくるようになった。居場所で出来た友人達とカラオケや遊園地などに行くようになり，地域での友達とも再び交流するようになった。

出所：16-2と同じ。

障害福祉サービスでは定期的に報酬改定が行われ，放課後等デイサービスにおいてもケアニーズの高い障害児の支援や専門職による支援などを評価する報酬体系に見直す方向に進んでいる。また，支援の質を向上させるための従業員要件の見直しも進んでいる。近年，厳しい財源の中，サービスの質等に関しては厳しい批判もあり，ソーシャルワーカーが障害福祉サービスの説明責任を果たすために，社会福祉調査の役割は重要といえよう。

注
⑴　社会福祉士養成講座編集委員会編（2015）『新・社会福祉士養成講座14　障害者に対する支援と障害者自立支援制度（第5版）』中央法規出版。
⑵　厚生労働省「放課後等デイサービスガイドライン」（https://www.mhlw.go.jp/file/05-Shingikai-12201000-Shakaiengokyokushougaihokenfukushibu-Kikakuka/0000082829.pdf　2020年9月20日閲覧）。
⑶　文部科学省初等中等教育局特別支援教育課「通常の学級に在籍する発達障害の可能性のある特別な教育的支援を必要とする児童生徒に関する調査結果について」（https://www.mext.go.jp/a_menu/shotou/tokubetu/material/__icsFiles/afieldfile/2012/12/10/1328729_01.pdf　2020年9月20日閲覧）。
⑷　山本美知子・武田鉄郎・小山秀之・宇井康介（2017）「発達障害のある又はその可能性のある中高生のための感情コントロールプログラム『和歌山どんまいプログラム』の開発とその効果」『LD研究』26⑶, 27〜56頁。
⑸　宮西照夫（2014）『実践ひきこもり回復支援プログラム』岩崎学術出版社。
⑹　小山秀之・前田泰宏（2018）「不登校経験を有する発達障害がある児童への福祉心理学的支援──居場所と放課後等デイサービスの併用によるひきこもり予防」『奈良大学紀要』46, 169〜182頁。
⑺　井出草平・鈴木太・目良宣子（2016）「構造化評価システムsSOFAS」（http://ssofas.com/　2017年8月20日閲覧）。

学習課題
①　育児休暇中の保護者の支援ニーズを明らかにしたい場合，どのような調査方法が適切か，その利点と欠点をふまえて考えてみよう。
②　日頃からどのような支援記録を残しておくと，事例研究ができるのかを考えてみよう。

~~~~ コラム　ひきこもりだった若者の声から生まれた新たなサービス ~~~~

　既存のサービスでは解決できない課題があるときは，新たな社会資源を開発していくのもソーシャルワーカーの役割である。社会調査によって地域の課題や利用者の新たなニーズを見出した場合，行政等に働きかけ，既存のサービスを発展させたり，新たなサービスを生み出したりすることもある。ここでは，支援現場の中から生まれた助成金事業についての事例を一つ紹介する。

　(1)　相談支援の現場の中から

　筆者が地域若者サポートステーション（以下サポステ）でニートやひきこもりの若者の相談支援をしていた頃の話である。ある若者が「同じような経験をした方たちと交流する場はありませんか」と尋ねてきた。地域にはその若者にマッチするサービスは乏しかった。それから，同じような状況に置かれた若者たちにも支援に関するニーズを尋ねた結果，「就労経験がないので，働くことのイメージがわかない」「知らない人の中にいきなり入って働くのはハードルが高い」という意見があった。この若者たちの声から，同じような経験をした仲間とつながり，共に就労経験を積み上げていく事業を企画したところ，県の助成金事業として採択された。この事業は2年半実施することになった。

　(2)　事業の展開と課題

　事業初年度は居場所支援を中心に約30人の若者が集まった。最初は各々ゲームをしたり，マンガを見たりして過ごしていただけの若者たちも，共通の趣味嗜好を通じて，次第に他の若者たちと交流するようになっていった。翌年度は主に就労経験の場として若者たち自身の力でカフェを立ち上げた。結果，多くの若者が居場所支援から就労支援を経て就職につながった。

　しかし，この事業を通じて，ひきこもり期間が長くなるほど就労支援が難しくなる課題も見つかり，その後，ひきこもりの一次予防としての児童を対象とした居場所支援を展開することにつながった。

~~~~~~

第 17 章

地域福祉計画の「住民参加の方法」に関する実践例

　「住民参加」「住民主体」といった言葉を聞くようになって久しいが，「絵に描いた餅」にならないようにするためにも，住民一人ひとりが，暮らしている地域の特性や実状に応じて，自分に何ができるのかを考える必要がある。また，他人事ではなく，我が事として受けとめるようになるためには，どうすればよいだろうか。

　本章では，実践例として，地域福祉計画策定に明記されている「住民参加の方法」に着目し，その進め方と留意点を中心に学ぶ。

1　地域福祉計画とは

　地域福祉計画は，2000年に社会福祉事業法等の改正により誕生した社会福祉法に新たに規定され，市町村地域福祉計画及び都道府県地域福祉支援計画から成り立っている。

　地域福祉計画は，地域福祉推進の主体である地域住民等の参加を得て，地域生活課題を明らかにするとともに，その解決のために必要となる施策の内容や量，体制等について，実施主体の行政機関はもちろんのこと，多様な関係機関や専門職も含めて協議のうえ，目標を設定し，計画的に整備していくことを目的とした計画である。

　なお，2018年の社会福祉法の一部改正により，地域福祉計画の策定は「任意」であったものが「努力義務」へと変更された。さらに，地域における高齢者福祉や障害者福祉，児童福祉，その他の各福祉分野など，分野別計画を総合

する観点から構想される「上位計画」として位置づけられるようになった。また「包括的な支援体制の整備に係る事業に関する事項」が計画に盛り込むべき事項として新たに追加された。

2　地域福祉計画策定における住民参加の方法

　前節でも示したように，地域福祉計画を策定するうえで，「地域福祉推進の主体である地域住民等の参加を得て，地域生活課題を明らかにする」ことが盛り込まれている。

　そのため，実施主体である行政機関では，地域福祉計画を策定する際に，何らかの方法で，住民が参加できるような配慮や工夫がされている。なお，住民参加の方法としては，住民へのアンケートやインタビューの実施，あるいはワークショップ（住民が実際に参加・体験する講座）や住民座談会の開催などが挙げられる。

　次節では，KJ法を参考にしたワークショップとその後，質問紙を用いたアンケート調査も実施し，住民参加による実践例を紹介する。

3　実践例

（1）各段階における手続きの主な流れ

　①　ワークショップ開催目的の確認とテーマの設定

　ワークショップを開催する目的について，行政機関の担当者や関係者間における意識のズレや温度差が生じないように，まずは打ち合わせを行い，目的の統一を図るようにした。また，テーマについては，広すぎず狭すぎないように意識し，「わたしが暮らしている地域の強みと課題」を今回のテーマとした。

　②　住民にワークショップへ参加してもらうための方法

　開催曜日や時間によって参加者の顔ぶれが偏る可能性があるため，ワークショップの開催日時を平日の13時半〜15時，金曜日の19時〜20時半の2パターン設定し，可能な限り，様々な年代層が参加できるように工夫した。

　また，市内の企業や事業所，教育機関や医療機関，自治会など各地域の団体には各種会議や会合の際に案内したり，チラシの配布や掲示を依頼したり，地域のラジオ局や SNS などを通じて告知したり，市の広報誌にも紙面を割き，ワークショップへの参加者募集を呼びかけた。

　③　ワークショップ開催に向けた準備

　会場の手配や参加希望者への対応や参加者名簿の整理，開催当日に必要な準備物の買い出しなどを行った。なお，参加者には，事前にテーマを伝え，無理のない範囲で考えてきてもらうように依頼した。

　グループづくりについては，1 グループ住民 5 ～ 6 名＋進行役（ファシリテーター）である担当者・関係者 1 名の計 6 ～ 7 名のグループが 4 ～ 5 グループであった。

　なお，グループ分けについて，地区は同じ地区や近隣地区の住民同士で一緒のグループになるように配慮したが，世代は，可能な限り，様々な世代から構成されるグループづくりを試みた。そうすることで，世代間交流になるだけでなく，今後も地域の中で出会える可能性があり，継続した関係性に期待できるからである。

　④　ワークショップ開催当日

　ワークショップ開催当日は，開催目的と合わせて「住民参加とは何か」について説明し，ワークショップへ主体的に参加していただくことを強調した。

　そして，各グループで簡単な自己紹介を行ったのちに，KJ 法を参考にした方法でワークショップを進めていった。主な流れは，表 17 - 1 のとおりである。表 17 - 1 は，会場に掲示しておくと，参加者も手順を理解しやすくなる。

　最後に囲んだ輪同士の相互関係や因果関係などの関係性を図示化することで，地域の強みをより活用することができれば，地域の課題解決につながるものもみえてきた。たとえば，「趣味や会話を気軽に楽しめる活動を行っているグループがある」という強みと「空き家があるが，借り手がいないために困っている」という課題をつなげると，空き家を活用し，クラブ・サークル活動やお茶会を開くことも可能になる。そして，その活動が居場所づくりの推進として，たとえば市の助成金が受けられたり，関係団体との会場賃貸に関する年間契約

表17-1　ワークショップ当日の流れ

本日のテーマ「わたしが暮らしている地域の強みと課題」
本日の流れ 「地域の強み」→「地域の課題」の順で以下の①〜④を行う。 ①　付箋にサインペンで一つの内容を書く（付箋は横置き横書き）。二つ以上の場合は，二枚以上の付箋に書く。 ②　順番に，付箋に書いた内容の補足説明をしながら，テーブルの上に敷かれた模造紙に貼る。 ③　二人目以降の参加者は，これまでの参加者と似たような内容が書かれている付箋があれば，その付箋に近いところへ貼る。 ④　一巡したところで，他の参加者の付箋内容や補足説明を聞き，さらに思いついた内容があれば，付箋に書き，補足説明をしながら貼る。 ⑤　「地域の強み」と「地域の課題」ごとに，似たような内容が書かれている付箋同士は輪で囲み，囲んだ輪ごとに，共通するキーワードを話し合って書き込み，またキーワード間の関係性については矢印を用いて表現した。 ※関係性を矢印で表現する場合は，「地域の強み」と「地域の課題」の間で表現してもよい。

出所：筆者作成。

になる場合もある。

⑤　ワークショップ開催後の対応

　2回のワークショップを通して，「わたしが暮らしている地域の強みと課題」について，付箋をグルーピングした際に見えてきた共通するキーワードを地区ごとに整理し，それを市のホームページやSNSで発信し，参加できなかった住民からさらなる意見（パブリックコメント）をいただけるように対応した。

⑥　アンケート調査の実施

　地区や年代など，無作為抽出により，可能な限り偏りのない調査対象者に対し，郵送調査法でアンケート調査を依頼した。

　調査内容としては，調査対象者に，これまでのワークショップやパブリックコメントで得られた「地域の強み」と「地域の課題」のうち，自らの地区で示されている各項目について，「(1)住民主体でできること」「(2)行政主体でできること」「(3)住民と行政が一体となってできること」「(4)その他」の4分類をもとに，(1)〜(4)の番号記入とその記入理由も書いてもらうようにした。

（2）各段階における留意点

①　ワークショップ開催目的の確認とテーマの設定

住民の意識改革の前に，まずは実施主体である行政機関内の職員の意識改革が必要な場合がある。そのような場合には，行政機関内で歩調を合わせておくことが求められる。

また，ワークショップも長すぎると，間延びしたり，集中力が途切れてきたりするため，90分から長くても120分程度で終えられるようなテーマの範囲で設定しておくことが望ましい。

②　住民にワークショップへ参加してもらうための方法

地区や世代が重ならないように，開催曜日・時間だけでなく，その告知方法にも留意する必要がある。また，参加希望者に偏りがみられた場合には，参加者数が少ない地区や年代を重点的に告知する対応もときには必要になる。

③　ワークショップ開催に向けた準備

進行役であるファシリテーターは，事前に当日の進め方や，困ったときの対応について確認し共有しておく必要がある。

④　ワークショップ開催当日

「税金を払っている住民がなぜ地域活動に従事しなければならないのか」といった「住民参加」や「住民主体」の意味を理解することが困難な住民が，参加者の中に含まれていることがある。

そのため，本書第13章のコラムで示した，ブレーンストーミングを実施する際の4原則にもあるように，批判厳禁や自由奔放，便乗歓迎などを相互に意識し合い，気持ちよく過ごせる時間になれるように，開催当日の実施前に留意事項として伝えたり，内容を書いた紙や映像を参加者の目につく場所に常に貼っておいたり，映しておいたりすることも一つの方法である。

また，付箋に書く内容は，特定の個人や地域を非難するような書き方にならないように，実施前に伝えておく必要もある。

その他，実施している中で，ファシリテーターが対応に困った場合には，実施主体である行政機関に速やかに相談できる体制を整えておくことも大切である。

⑤　ワークショップ開催後の対応

付箋をグルーピングした際にみえてきた共通するキーワードを地区ごとに整理した際に，特定の個人や地域に関する非難のような内容になっていないかを複数人で確認してから発信するように心がける。

⑥　アンケート調査の実施

これまでのワークショップやパブリックコメントなどの経緯をわかりやすく簡潔にまとめた内容を準備し，アンケートと一緒に郵送したほうが，調査対象者も，アンケート調査を実施する目的を理解しやすく，行政機関の真剣さも伝わりやすいものといえる。このような一連の流れが，アンケートの回収率や有効回答率にも良い効果をもたらすものといえる。

このように，様々な調査を通して，住民が地域への関心度を高めたり，行政や他の住民との関係が生まれたりすることも期待できる。

参考文献

厚生労働省「地域福祉計画」（https://www.mhlw.go.jp/stf/seisakunitsuite/bunya/hukushi_kaigo/seikatsuhogo/c-fukushi/index.html　2020年10月31日閲覧）。
社会福祉法人全国社会福祉協議会（2019）『地域共生社会の実現に向けた地域福祉計画の策定・改定ガイドブック』。

学習課題

①　あなたが暮らしている市町村あるいは近隣市町村の最新の地域福祉計画では，どのような住民参加の方法で，どのような地域課題や生活課題が明らかになっているだろうか。調べてまとめてみよう。

②　①で抽出された地域課題や生活課題をアンケートで調査すると仮定し，質問紙を作成してみよう。

巻末資料

乱数表

行＼列	1	2	3	4	5	6	7	8	9	10	11	12	13	14	15	16	17	18	19	20	21	22	23	24	25	26	27	28	29	30
1	8	8	5	5	6	6	5	8	6	5	1	6	7	1	4	4	2	4	6	2	9	3	9	1	6	6	3	4	4	7
2	7	1	9	8	5	7	9	2	3	3	0	3	5	1	1	4	7	3	2	5	9	0	9	4	2	9	8	2	2	6
3	7	6	3	3	8	8	6	5	3	2	2	7	9	5	4	8	8	9	8	5	4	1	5	6	4	1	5	3	9	7
4	1	3	7	9	8	4	1	3	6	6	1	2	6	7	9	9	6	5	4	3	6	9	7	8	7	9	9	5	2	1
5	6	9	1	3	3	6	8	3	8	2	7	2	4	0	4	4	5	3	4	0	4	9	1	5	3	3	4	2	0	5
6	1	8	2	4	6	5	3	4	5	7	6	4	9	3	7	3	5	7	2	0	5	3	2	6	6	6	7	7	3	5
7	5	4	8	7	4	7	3	3	4	7	8	9	0	8	4	5	2	7	3	2	5	6	5	8	7	4	8	3	3	5
8	9	6	4	7	0	8	6	3	2	1	6	4	6	8	4	4	6	3	6	1	3	2	3	6	7	1	4	5	8	4
9	7	1	7	9	3	4	7	5	7	4	4	2	8	7	4	9	2	5	8	3	9	0	5	3	1	2	4	0	2	5
10	5	3	3	3	5	3	8	9	1	1	2	4	6	4	2	4	5	5	2	1	6	4	3	5	9	3	5	5	2	0
11	4	1	5	0	9	4	4	5	8	1	9	2	9	3	5	6	4	4	2	4	7	4	7	5	4	3	2	3	3	7
12	1	4	3	4	6	2	8	2	8	8	1	2	7	6	5	3	2	8	6	1	1	3	5	9	1	0	3	2	8	1
13	3	9	3	7	2	4	8	4	0	7	4	5	2	7	9	3	7	3	0	1	8	5	1	3	3	0	1	1	3	6
14	1	1	2	8	3	9	2	8	4	5	7	5	1	7	3	7	6	2	4	1	6	7	3	7	6	2	7	7	2	1
15	3	2	8	6	7	4	0	7	0	4	1	3	1	5	2	2	8	8	7	6	4	5	0	3	8	5	9	6	3	5
16	5	8	4	1	2	3	0	3	3	1	2	9	6	1	4	1	1	5	1	7	0	9	5	3	3	4	9	8	0	6
17	1	1	0	0	8	8	4	7	6	3	7	4	7	6	4	8	8	8	7	7	6	6	8	7	6	9	2	6	4	4
18	6	2	5	5	2	5	7	6	2	1	6	7	7	8	5	2	5	2	7	1	1	6	6	3	6	6	6	0	2	2
19	7	9	4	6	6	6	7	6	3	5	5	8	8	2	4	1	8	6	1	5	4	2	5	5	0	7	4	5	5	8
20	4	9	9	7	8	3	2	2	6	4	8	3	3	7	4	8	8	7	7	6	7	8	3	3	7	7	8	5	9	3
21	4	7	3	3	5	5	9	7	1	7	3	3	6	4	3	7	2	2	5	5	2	9	2	6	6	5	6	7	9	4
22	8	3	1	0	4	5	5	4	6	6	1	1	1	9	9	2	2	5	3	3	2	5	3	9	5	2	8	0	3	2
23	6	8	5	7	7	6	6	3	5	9	7	9	3	5	1	0	0	7	9	6	6	2	9	8	1	3	1	5	4	4
24	4	7	8	3	2	2	3	7	1	2	6	9	6	4	6	4	2	4	4	3	8	9	5	9	1	7	8	3	6	3
25	8	8	6	6	9	0	7	1	1	2	4	2	4	8	6	6	0	1	9	1	3	9	7	3	8	3	1	8	5	2
26	8	6	5	8	0	7	7	4	9	4	1	8	2	3	2	3	8	4	4	7	9	4	4	6	1	0	8	2	1	5
27	6	1	2	4	2	9	8	4	8	5	3	9	4	5	4	6	6	4	1	7	1	5	2	5	8	1	5	9	8	2
28	0	5	8	3	9	3	3	2	7	1	1	5	2	0	4	7	6	6	9	8	9	9	8	3	0	0	4	3	1	3
29	9	0	4	0	1	6	0	4	6	6	7	3	1	3	6	5	3	2	9	7	8	4	8	9	1	1	8	5	4	7
30	7	8	3	1	9	8	0	1	2	6	2	6	8	7	7	8	4	3	3	2	9	6	7	6	0	5	7	6	5	0
31	6	3	3	8	4	7	7	4	4	4	2	6	2	5	5	5	8	7	3	6	6	2	2	0	3	2	3	1	2	6
32	2	2	5	0	3	8	4	5	0	8	3	4	2	5	4	5	6	5	3	8	7	3	7	4	3	9	1	2	5	6
33	4	8	1	4	6	6	1	2	6	5	3	0	3	5	5	9	2	7	1	8	7	7	7	2	0	1	9	5	7	3
34	3	7	7	6	1	8	7	2	6	8	6	9	5	3	5	5	9	7	6	0	2	1	5	9	5	5	6	3	2	1
35	0	4	7	8	5	5	8	8	5	3	9	4	5	7	7	8	8	5	2	8	3	3	5	6	1	6	7	1	3	9
36	2	0	5	0	9	8	0	9	8	3	4	6	6	2	1	8	4	4	3	3	7	2	1	5	8	2	8	5	9	6
37	2	3	6	8	0	7	2	5	5	9	4	6	6	4	1	1	4	2	2	4	6	6	8	1	7	2	5	6	5	5
38	4	4	9	6	3	3	4	0	6	9	3	8	4	0	5	5	6	6	3	4	2	9	3	1	6	7	3	0	8	8
39	4	0	4	3	0	0	3	4	3	2	8	2	0	6	8	3	3	0	2	2	2	4	5	5	9	3	8	0	6	4
40	5	0	3	6	7	8	0	8	0	2	5	5	1	9	8	3	2	8	4	2	6	5	6	5	7	9	0	7	2	2
41	6	0	5	4	5	8	1	3	4	7	1	8	9	3	4	3	4	7	8	9	9	1	4	2	2	3	6	8	3	7
42	8	4	3	9	1	5	1	0	8	6	9	2	6	6	6	4	5	3	1	7	9	2	6	0	9	6	5	2	5	2
43	3	6	2	5	5	5	8	0	3	2	3	2	1	5	7	3	3	0	9	5	5	9	5	3	7	6	3	4	2	4
44	5	1	8	5	0	8	6	9	6	6	1	9	5	3	7	8	0	3	1	7	1	2	1	9	2	0	8	1	5	2
45	0	2	4	9	5	5	2	4	4	2	4	2	9	8	3	7	4	5	2	6	8	6	1	1	5	3	5	4	2	8
46	1	2	6	5	1	9	3	7	1	0	1	1	7	8	8	4	1	1	8	4	4	2	6	3	7	8	4	3	6	6
47	5	8	6	1	8	6	8	8	6	8	1	0	7	7	2	8	5	0	4	5	8	5	0	2	5	4	7	7	3	4
48	8	0	3	4	4	5	3	2	2	2	7	9	3	3	5	7	7	6	8	7	3	7	2	7	6	9	6	2	7	4
49	1	7	7	9	3	4	4	6	0	2	7	1	0	4	4	7	7	8	6	6	5	1	7	3	8	8	3	8	8	5
50	7	6	2	5	2	2	8	8	5	2	6	4	8	4	7	3	3	6	5	6	3	7	5	9	5	3	4	6	1	6

注：ここに示した乱数表は5桁ずつの区切りとなっているが，乱数表には2桁ずつの区切りとなっているものもある。乱数表の縦横の区切りには意味はなく，単に見やすくするためのものである。

乱数表と単純無作為抽出法

　乱数表は0から9までの数字をランダムに並べた表で，0から9までの数字が同じ確率で現れるように作られている。この乱数表を使ってランダムサンプリングを行う方法について説明する。ここでは例として，母集団500人の中から標本100人を無作為標本抽出する場合を考える。

　【手順1】母集団全員に通し番号を振る。この例では1から500までの番号を振ることになる。

　【手順2】乱数表のスタート地点，すなわち最初の行と列を決める。決め方にルールはない。たとえば誕生日が12月2日なので12行2列からとしてもよいし，身長が168cmなので16行8列からとしてもよい。ここでは16行8列目をスタート地点とする。

　【手順3】乱数表の進行方向を決める。右，左，上，下あるいは斜め，いずれの方向でも構わないので進行方向を決める。ここでは右へ進むことにする。

　【手順4】乱数を何桁ずつ拾うかを決める。この例では母集団は1から500までなので，乱数を3桁ずつ拾えばよい。前頁の乱数表にもとづくと，最初の乱数は「331」になる。

　【手順5】標本サイズに従って，必要な数の乱数を拾っていく。「331」の次は「296」，その次は「141」，その次は「151」というように乱数を拾っていく。「500」を超えた（「501」以上）の乱数が出た場合にはその乱数は採用しない。また，一度出た乱数と同じ乱数が出た場合にはその乱数は採用しない。

　【手順6】必要な数の乱数を拾ったら，乱数と一致する通し番号の人を順に選んでいく。

質問紙の表紙の見本

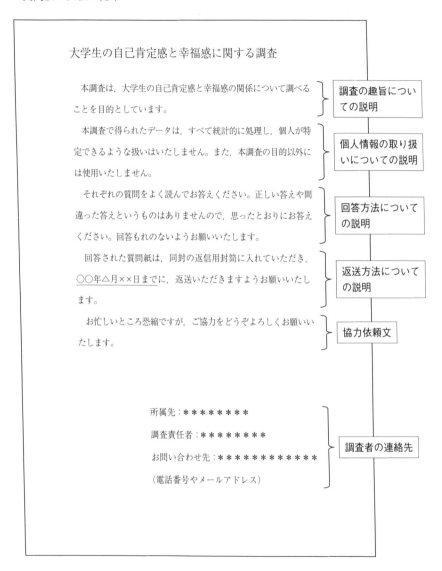

大学生の自己肯定感と幸福感に関する調査

　本調査は，大学生の自己肯定感と幸福感の関係について調べることを目的としています。 } 調査の趣旨についての説明

　本調査で得られたデータは，すべて統計的に処理し，個人が特定できるような扱いはいたしません。また，本調査の目的以外には使用いたしません。 } 個人情報の取り扱いについての説明

　それぞれの質問をよく読んでお答えください。正しい答えや間違った答えというものはありませんので，思ったとおりにお答えください。回答もれのないようお願いいたします。 } 回答方法についての説明

　回答された質問紙は，同封の返信用封筒に入れていただき，○○年△月××日までに，返送いただきますようお願いいたします。 } 返送方法についての説明

　お忙しいところ恐縮ですが，ご協力をどうぞよろしくお願いいたします。 } 協力依頼文

所属先：＊＊＊＊＊＊＊＊
調査責任者：＊＊＊＊＊＊＊
お問い合わせ先：＊＊＊＊＊＊＊＊＊＊＊
（電話番号やメールアドレス）
} 調査者の連絡先

標準正規分布表

z の値から上側確率 p を求める表

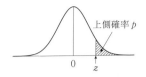

上側確率 p

0   z

z の値の小数点以下 2 ケタ目の数字

z	0.00	0.01	0.02	0.03	0.04	0.05	0.06	0.07	0.08	0.09
0.0	0.500	0.496	0.492	0.488	0.484	0.480	0.476	0.472	0.468	0.464
0.1	0.460	0.456	0.452	0.448	0.444	0.440	0.436	0.433	0.429	0.425
0.2	0.421	0.417	0.413	0.409	0.405	0.401	0.397	0.394	0.390	0.386
0.3	0.382	0.378	0.374	0.371	0.367	0.363	0.359	0.356	0.352	0.348
0.4	0.345	0.341	0.337	0.334	0.330	0.326	0.323	0.319	0.316	0.312
0.5	0.309	0.305	0.302	0.298	0.295	0.291	0.288	0.284	0.281	0.278
0.6	0.274	0.271	0.268	0.264	0.261	0.258	0.255	0.251	0.248	0.245
0.7	0.242	0.239	0.236	0.233	0.230	0.227	0.224	0.221	0.218	0.215
0.8	0.212	0.209	0.206	0.203	0.200	0.198	0.195	0.192	0.189	0.187
0.9	0.184	0.181	0.179	0.176	0.174	0.171	0.169	0.166	0.164	0.161
1.0	0.159	0.156	0.154	0.152	0.149	0.147	0.145	0.142	0.140	0.138
1.1	0.136	0.133	0.131	0.129	0.127	0.125	0.123	0.121	0.119	0.117
1.2	0.115	0.113	0.111	0.109	0.107	0.106	0.104	0.102	0.100	0.099
1.3	0.097	0.095	0.093	0.092	0.090	0.089	0.087	0.085	0.084	0.082
1.4	0.081	0.079	0.078	0.076	0.075	0.074	0.072	0.071	0.069	0.068
1.5	0.067	0.066	0.064	0.063	0.062	0.061	0.059	0.058	0.057	0.056
1.6	0.055	0.054	0.053	0.052	0.051	0.049	0.048	0.047	0.046	0.046
1.7	0.045	0.044	0.043	0.042	0.041	0.040	0.039	0.038	0.038	0.037
1.8	0.036	0.035	0.034	0.034	0.033	0.032	0.031	0.031	0.030	0.029
1.9	0.029	0.028	0.027	0.027	0.026	0.026	0.025	0.024	0.024	0.023
2.0	0.023	0.022	0.022	0.021	0.021	0.020	0.020	0.019	0.019	0.018
2.1	0.018	0.017	0.017	0.017	0.016	0.016	0.015	0.015	0.015	0.014
2.2	0.014	0.014	0.013	0.013	0.013	0.012	0.012	0.012	0.011	0.011
2.3	0.011	0.010	0.010	0.010	0.010	0.009	0.009	0.009	0.009	0.008
2.4	0.008	0.008	0.008	0.008	0.007	0.007	0.007	0.007	0.007	0.006
2.5	0.006	0.006	0.006	0.006	0.006	0.005	0.005	0.005	0.005	0.005
2.6	0.005	0.005	0.004	0.004	0.004	0.004	0.004	0.004	0.004	0.004
2.7	0.003	0.003	0.003	0.003	0.003	0.003	0.003	0.003	0.003	0.003
2.8	0.003	0.002	0.002	0.002	0.002	0.002	0.002	0.002	0.002	0.002
2.9	0.002	0.002	0.002	0.002	0.002	0.002	0.002	0.001	0.001	0.001
3.0	0.001	0.001	0.001	0.001	0.001	0.001	0.001	0.001	0.001	0.001

z の値の小数点以下 1 ケタ目までの数字

t 分布表

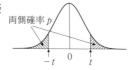
両側確率 p
$-t$ 0 t

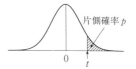
片側確率 p
0 t

自由度と両側確率 p から t の値を求める表

両側確率 p 自由度	0.100	0.050	0.010	0.001
1	6.314	12.706	63.657	636.619
2	2.920	4.303	9.925	31.599
3	2.353	3.182	5.841	12.924
4	2.132	2.776	4.604	8.610
5	2.015	2.571	4.032	6.869
6	1.943	2.447	3.707	5.959
7	1.895	2.365	3.499	5.408
8	1.860	2.306	3.355	5.041
9	1.833	2.262	3.250	4.781
10	1.812	2.228	3.169	4.587
11	1.796	2.201	3.106	4.437
12	1.782	2.179	3.055	4.318
13	1.771	2.160	3.012	4.221
14	1.761	2.145	2.977	4.140
15	1.753	2.131	2.947	4.073
16	1.746	2.120	2.921	4.015
17	1.740	2.110	2.898	3.965
18	1.734	2.101	2.878	3.922
19	1.729	2.093	2.861	3.883
20	1.725	2.086	2.845	3.850
21	1.721	2.080	2.831	3.819
22	1.717	2.074	2.819	3.792
23	1.714	2.069	2.807	3.768
24	1.711	2.064	2.797	3.745
25	1.708	2.060	2.787	3.725
26	1.706	2.056	2.779	3.707
27	1.703	2.052	2.771	3.690
28	1.701	2.048	2.763	3.674
29	1.699	2.045	2.756	3.659
30	1.697	2.042	2.750	3.646
31	1.696	2.040	2.744	3.633
32	1.694	2.037	2.738	3.622
33	1.692	2.035	2.733	3.611
34	1.691	2.032	2.728	3.601
35	1.690	2.030	2.724	3.591
36	1.688	2.028	2.719	3.582
37	1.687	2.026	2.715	3.574
38	1.686	2.024	2.712	3.566
39	1.685	2.023	2.708	3.558
40	1.684	2.021	2.704	3.551
41	1.683	2.020	2.701	3.544
42	1.682	2.018	2.698	3.538
43	1.681	2.017	2.695	3.532
44	1.680	2.015	2.692	3.526
45	1.679	2.014	2.690	3.520
46	1.679	2.013	2.687	3.515
47	1.678	2.012	2.685	3.510
48	1.677	2.011	2.682	3.505
49	1.677	2.010	2.680	3.500
50	1.676	2.009	2.678	3.496
∞	1.645	1.960	2.576	3.291

自由度と片側確率 p から t の値を求める表

片側確率 p 自由度	0.100	0.050	0.010	0.001
1	3.078	6.314	31.821	318.309
2	1.886	2.920	6.965	22.327
3	1.638	2.353	4.541	10.215
4	1.533	2.132	3.747	7.173
5	1.476	2.015	3.365	5.893
6	1.440	1.943	3.143	5.208
7	1.415	1.895	2.998	4.785
8	1.397	1.860	2.896	4.501
9	1.383	1.833	2.821	4.297
10	1.372	1.812	2.764	4.144
11	1.363	1.796	2.718	4.025
12	1.356	1.782	2.681	3.930
13	1.350	1.771	2.650	3.852
14	1.345	1.761	2.624	3.787
15	1.341	1.753	2.602	3.733
16	1.337	1.746	2.583	3.686
17	1.333	1.740	2.567	3.646
18	1.330	1.734	2.552	3.610
19	1.328	1.729	2.539	3.579
20	1.325	1.725	2.528	3.552
21	1.323	1.721	2.518	3.527
22	1.321	1.717	2.508	3.505
23	1.319	1.714	2.500	3.485
24	1.318	1.711	2.492	3.467
25	1.316	1.708	2.485	3.450
26	1.315	1.706	2.479	3.435
27	1.314	1.703	2.473	3.421
28	1.313	1.701	2.467	3.408
29	1.311	1.699	2.462	3.396
30	1.310	1.697	2.457	3.385
31	1.309	1.696	2.453	3.375
32	1.309	1.694	2.449	3.365
33	1.308	1.692	2.445	3.356
34	1.307	1.691	2.441	3.348
35	1.306	1.690	2.438	3.340
36	1.306	1.688	2.434	3.333
37	1.305	1.687	2.431	3.326
38	1.304	1.686	2.429	3.319
39	1.304	1.685	2.426	3.313
40	1.303	1.684	2.423	3.307
41	1.303	1.683	2.421	3.301
42	1.302	1.682	2.418	3.296
43	1.302	1.681	2.416	3.291
44	1.301	1.680	2.414	3.286
45	1.301	1.679	2.412	3.281
46	1.300	1.679	2.410	3.277
47	1.300	1.678	2.408	3.273
48	1.299	1.677	2.407	3.269
49	1.299	1.677	2.405	3.265
50	1.299	1.676	2.403	3.261
∞	1.282	1.645	2.326	3.090

カイ2乗分布表

自由度 ＼ 両側確率 p	0.500	0.200	0.100	0.050	0.025	0.010	0.005	0.001
1	0.455	1.642	2.706	3.841	5.024	6.635	7.879	10.828
2	1.386	3.219	4.605	5.991	7.378	9.210	10.597	13.816
3	2.366	4.642	6.251	7.815	9.348	11.345	12.838	16.266
4	3.357	5.989	7.779	9.488	11.143	13.277	14.860	18.467
5	4.351	7.289	9.236	11.070	12.833	15.086	16.750	20.515
6	5.348	8.558	10.645	12.592	14.449	16.812	18.548	22.458
7	6.346	9.803	12.017	14.067	16.013	18.475	20.278	24.322
8	7.344	11.030	13.362	15.507	17.535	20.090	21.955	26.124
9	8.343	12.242	14.684	16.919	19.023	21.666	23.589	27.877
10	9.342	13.442	15.987	18.307	20.483	23.209	25.188	29.588
11	10.341	14.631	17.275	19.675	21.920	24.725	26.757	31.264
12	11.340	15.812	18.549	21.026	23.337	26.217	28.300	32.909
13	12.340	16.985	19.812	22.362	24.736	27.688	29.819	34.528
14	13.339	18.151	21.064	23.685	26.119	29.141	31.319	36.123
15	14.339	19.311	22.307	24.996	27.488	30.578	32.801	37.697
16	15.338	20.465	23.542	26.296	28.845	32.000	34.267	39.252
17	16.338	21.615	24.769	27.587	30.191	33.409	35.718	40.790
18	17.338	22.760	25.989	28.869	31.526	34.805	37.156	42.312
19	18.338	23.900	27.204	30.144	32.852	36.191	38.582	43.820
20	19.337	25.038	28.412	31.410	34.170	37.566	39.997	45.315
21	20.337	26.171	29.615	32.671	35.479	38.932	41.401	46.797
22	21.337	27.301	30.813	33.924	36.781	40.289	42.796	48.268
23	22.337	28.429	32.007	35.172	38.076	41.638	44.181	49.728
24	23.337	29.553	33.196	36.415	39.364	42.980	45.559	51.179
25	24.337	30.675	34.382	37.652	40.646	44.314	46.928	52.620
26	25.336	31.795	35.563	38.885	41.923	45.642	48.290	54.052
27	26.336	32.912	36.741	40.113	43.195	46.963	49.645	55.476
28	27.336	34.027	37.916	41.337	44.461	48.278	50.993	56.892
29	28.336	35.139	39.087	42.557	45.722	49.588	52.336	58.301
30	29.336	36.250	40.256	43.773	46.979	50.892	53.672	59.703
31	30.336	37.359	41.422	44.985	48.232	52.191	55.003	61.098
32	31.336	38.466	42.585	46.194	49.480	53.486	56.328	62.487
33	32.336	39.572	43.745	47.400	50.725	54.776	57.648	63.870
34	33.336	40.676	44.903	48.602	51.966	56.061	58.964	65.247
35	34.336	41.778	46.059	49.802	53.203	57.342	60.275	66.619
36	35.336	42.879	47.212	50.998	54.437	58.619	61.581	67.985
37	36.336	43.978	48.363	52.192	55.668	59.893	62.883	69.346
38	37.335	45.076	49.513	53.384	56.896	61.162	64.181	70.703
39	38.335	46.173	50.660	54.572	58.120	62.428	65.476	72.055
40	39.335	47.269	51.805	55.758	59.342	63.691	66.766	73.402
50	49.335	58.164	63.167	67.505	71.420	76.154	79.490	86.661

おわりに

　社会福祉調査の授業を担当し10年以上が経過した。その間に，様々な社会福祉調査の書籍を手にとってはみたものの，内容が難しく，結果的に自分で作成した補助資料も活用しながら授業を行ってきた。

　そのような中，2021年度から，社会福祉士および精神保健福祉士のカリキュラムが変わり，社会福祉調査は，社会福祉士の専門科目から精神保健福祉士との共通科目に変更されたタイミングで，本書の執筆依頼を受けた。

　そして，これまでの授業や学生との対話を通して，「社会福祉分野で調査を学ぶ必要性を理解してほしい」「数学を苦手に感じる学生でも理解できる書籍を作りたい」「学生には世の中の動きをより正確に把握できる方法を身につけてほしい」「倫理意識の高い学生を育てたい」と思い描いていたことを凝縮したものが本書である。

　御執筆いただいた先生方には，そのあたりの趣旨をふまえ，学生が取り組みやすい工夫をしていただいたことに，とてもありがたく思っている。

　最後に，御執筆をいただいた各位，そして，校正等でお世話になった，ミネルヴァ書房の亀山みのり氏，深井大輔氏には心より感謝を申し上げたい。

橋本有理子

さくいん
（＊は人名）

監修者紹介

杉本　敏夫（すぎもと・としお）

　現　在　関西福祉科学大学名誉教授
　主　著　『新社会福祉方法原論』（共著）ミネルヴァ書房，1996年
　　　　　『高齢者福祉とソーシャルワーク』（監訳）晃洋書房，2012年
　　　　　『社会福祉概論（第3版）』（共編著）勁草書房，2014年

執筆者紹介（執筆順，＊印は編者）

＊橋本　有理子（第1・2・3・4・5・11・
12・13・14・17章）
編著者紹介参照

　宇惠　弘（第6・7章，第10章第1・2・3・
4節および第6節第4項）
関西福祉科学大学心理科学部教授

　治部　哲也（第8・9章，第10章第5節
および第6節第1・2・3・5・6項）
関西福祉科学大学健康福祉学部教授

　小山　秀之（第15・16章）
特定非営利活動法人 PeerNet 理事長，関西福祉科学
大学非常勤講師

編著者紹介

橋本　有理子 （はしもと・ゆりこ）

現　在　関西福祉科学大学社会福祉学部教授
主　著　『学びを追究する高齢者福祉』（共編著）教育情報出版，2020年
　　　　『ソーシャルワークのための「教育学」』（共編著）あいり出版，2020年

最新・はじめて学ぶ社会福祉⑤
社会福祉調査の基礎

2021 年 5 月 1 日　初版第 1 刷発行	〈検印省略〉
2022 年 9 月 20 日　初版第 2 刷発行	

定価はカバーに
表示しています

監 修 者	杉　本　敏　夫
編 著 者	橋　本　有理子
発 行 者	杉　田　啓　三
印 刷 者	坂　本　喜　杏

発行所　株式会社　ミネルヴァ書房
607-8494　京都市山科区日ノ岡堤谷町 1
電話代表　(075)581-5191
振替口座　01020-0-8076

冨山房インターナショナル・藤沢製本

ISBN 978-4-623-09160-7

Printed in Japan

杉本敏夫　監修

━━━━ 最新・はじめて学ぶ社会福祉 ━━━━

全23巻予定／Ａ５判　並製

順次刊行，●数字は既刊

━━━ ミネルヴァ書房 ━━━

https://www.minervashobo.co.jp/